Silke Hubrig

Spiele für Jungs – Spiele für Mädchen

Praxisangebote für die bewusste Mädchen- und Jungenförderung in der Kita

mit Illustrationen von Anne Rieken

Ökotopia Verlag, Münster

Impressum

Autorin Silke Hubrig
Illustratorin Anne Rieken
Covergestaltung PERCEPTO mediengestaltung
Satz Christina Meffert, design+co
ISBN 978-3-86702-337-5

1. Auflage
© 2015 Ökotopia Verlag, Münster

Bleiben Sie in Kontakt

www.oekotopia-verlag.de

Inhaltsverzeichnis

Vorwort

„Wird es ein Junge oder ein Mädchen?" Noch bevor das Kind geboren ist, scheint es eine Bedeutung zu haben, ob der baldige neue Mensch weiblich oder männlich ist. Spätestens ab der Geburt spielt die geschlechtliche Einteilung eine zentrale Rolle im Leben eines jeden Menschen, denn die Einteilung in männlich und weiblich ist das wesentliche Ordnungsprinzip unserer Gesellschaft. Die Zugehörigkeit zu einer Geschlechterkategorie hat Konsequenzen für die Lebensgestaltung eines jeden Menschen. Jungen und Mädchen werden aufgrund ihres Geschlechts (bewusst und unbewusst) unterschiedlich behandelt. Ein Leben lang werden Menschen mit geschlechtsbezogenen Erwartungen konfrontiert, die ihren Lebensweg beeinflussen.

Kurz vor dem Kindergartenalter fangen die Jungen und Mädchen an selber ein Geschlechtsbewusstsein zu entwickeln. Nun beginnen auch sie die Welt in „männlich" und „weiblich" zu kategorisieren und wählen die Angebote und Dinge aus, die in ihre Geschlechterkategorie passen.

So wird beispielsweise den Mädchen gesellschaftlich eine rosa Welt mit Ponys, Puppen und Bastelaktivitäten angeboten, während Jungen sich an der Welt der Bagger, Batman und Ritterwelt orientieren. Im Laufe der Geschlechtsidentitätsentwicklung müssen sich die Jungen und Mädchen ihren Platz in der Gesellschaft suchen.

Weder Jungen noch Mädchen sollen durch einengende geschlechtsbezogene Zuschreibungen in ihren Möglichkeiten eingeschränkt werden. In der geschlechtssensiblen Pädagogik geht es darum, die Benachteiligungen der Geschlechter auszugleichen und die geschlechtlichen Rollenbilder zu erweitern. So sollen Jungen beispielsweise durch gezielte Angebote die Chance bekommen, Erfahrungen im gesellschaftlich eher frauentypischen Bereich „Pflegen und Versorgen" zu machen, während Mädchen etwa Erfahrungen im den Männern zugeordneten Bereich „Konstruieren und Bauen von Dingen" ermöglicht werden.

In diesem Buch schließt sich dem Theorieteil, in dem beschrieben wird, wie unterschiedlich Jungen und Mädchen tatsächlich sind und was geschlechtersensible Pädagogik bedeutet, ein umfangreicher Praxisteil an. In diesem werden Angebote beschrieben, die sich mal mehr an Jungen, mal mehr an Mädchen wenden, um ihnen die Bereiche zu eröffnen, die ihnen im Alltag aufgrund ihrer Geschlechtszugehörigkeit möglicherweise nicht selbstverständlich zugänglich sind. Da die Zusammenarbeit mit Eltern ein unverzichtbarer Bestandteil der Kindergartenarbeit ist, werden am Ende auch Praxisbeispiele beschrieben, die sich im Rahmen der Elternarbeit umsetzen lassen.

Jungen und Mädchen – was brauchen sie im Kindergarten?

Angeboren oder anerzogen?

WIE UNTERSCHIEDLICH SIND JUNGEN UND MÄDCHEN WIRKLICH?

Neben den unterschiedlichen körperlichen Geschlechtsmerkmalen von Mädchen/Frauen und Jungen/Männern sind in wenigen Bereichen minimale kognitive Unterschiede zu vermuten.

So gibt es beispielsweise Untersuchungen, in denen bei visuell-räumlichen Aufgaben durchschnittlich Männer besser abschneiden als der Durchschnitt der Frauen. Frauen hingegen sind den Männern durchschnittlich im sprachlichen Bereich voraus: Sie verfügen über einen breiteren Wortschatz und eine höhere Wortflüssigkeit. (▶ vgl. Strüber 2010, S. 66)

Für diese geschlechtsspezifischen Fähigkeiten werden nach neurobiologischer Sicht die minimalen Unterschiede weiblicher und männlicher Gehirnstrukturen verantwortlich gemacht, die u.a. durch die Menge des männlichen Geschlechtshormons Testosteron entstehen. Wissenschaftlich sind diese neurobiologischen Erklärungsansätze nicht überzeugend und letztendlich gibt es keine brauchbaren Studien, die geschlechtsspezifische Fähigkeiten, Vorlieben oder Verhalten neurobiologisch erklären. Viele Studien haben eine zu geringe Teilnehmer/innenzahl oder die Studienergebnisse sind nicht signifikant und nicht reproduzierbar. Zu den meisten Untersuchungen gibt es wiederum andere Untersuchungen, die das Gegenteil beweisen. Neben diesen neurobiologischen Erklärungen der Geschlechtsunterschiede steht die Auffassung, die Unterschiede zwischen Jungen/Männern und Mädchen/Frauen seien auf eine unterschiedliche Sozialisation und Erziehung zurückzuführen.

So wird beispielsweise mit Mädchen mehr gesprochen als mit Jungen. Das trainiert die verbalen Fähigkeiten und somit sind die Mädchen den gleichaltrigen Jungen im sprachlichen Bereich voraus. Viel sprechen, plaudern, ausdiskutieren etc. passt weniger in das vorgelebte männliche Rollenbild. In dieses passt aber beispielsweise, gut in Mathematik zu sein oder Landkarten lesen zu können. Dies gut zu können, wird von Jungen erwartet und sie werden deshalb in diesen Bereichen gefördert.

Die Rollenbilder sind so gut verinnerlicht, dass Jungen vermutlich auch besser in Mathematiktests abschneiden, weil sie davon überzeugt sind, dass Jungen eben gut in Mathe sind. Die Leistungen von Jungen und Mädchen unterscheiden sich bei genau denselben Aufgaben, wenn die Aufgabenleitung zum Test den Hinweis gibt, dass hierbei die Jungen besser abschneiden würden oder der Test „für Mädchen" sei. Mädchen erzielen bessere Ergebnisse bei den Aufgaben „für Mädchen" und

Jungen bei Anforderungen, die mit offiziell männlichen Attributen versehen sind. Geschlechtsspezifische Vorurteile und Klischeedenken rufen Minderwertigkeitsgefühle oder auch Selbstvertrauen hervor und beeinflussen somit die Leistungen. (▶ vgl. Fine 2010, S. 68 ff.)

Tatsächlich ist es nahezu unmöglich zu einem wasserdichten Ergebnis zu kommen, wenn es um die Frage geht, ob ein geschlechtstypisches Verhalten angeboren oder anerzogen ist. Wie sollten diese Forschungen aussehen? Sobald ein Kind auf der Welt ist, spielt die Sozialisation eine Rolle. Biologische, soziale und auch psychische Einflüsse sind nicht zu trennen, sondern reagieren aufeinander. Die Erziehung und Sozialisation, also auch die geschlechtsspezifischen Erfahrungen, formen die Gehirnstrukturen.

Tatsächlich unterscheiden sich männliche und weibliche Gehirne bei Neugeborenen kaum voneinander. Ein Gehirn ist sehr lernfähig und verändert sich durch Training bestimmter Fähigkeiten. Die minimalen biologischen Unterschiede im Gehirn werden durch die Erfahrungen im Laufe des Lebens stärker oder schwächer, denn die Erfahrungen verändern die Gehirnstrukturen. Kinder, die viel draußen auf Bäume und über Zäune klettern, werden eine bessere räumliche Orientierung haben, als Kinder, die überwiegend im Zimmer am Basteltisch sitzen. Ein Gehirn passt sich an die Umweltbedingungen an. Ein Gehirn ist damit immer so einzigartig wie jeder Mensch. Selbst die Hormone werden nicht nur rein biologisch gesteuert, sondern auch immer in Wechselwirkung mit dem sozialen Leben. Testosteron beeinflusst das Verhalten eines Menschen, aber das Verhalten beeinflusst auch wieder den Hormonspiegel. So haben zum Beispiel Väter einen niedrigeren Testosteronwert als Männer ohne Kinder. (▶ vgl. Schnerring/Verlan 2014, S. 43)

DIE ENTWICKLUNG DER GESCHLECHTSIDENTITÄT

Eine der Hauptentwicklungsaufgaben im Vorschulalter ist die Entwicklung der Geschlechtsidentität. Bei der Geschlechtsidentität eines Menschen geht es um die Fragen „Wie sehe ich mich als Junge" oder „Wie sehe ich mich als Mädchen?" und „Wie sehen mich andere als Junge" oder „Wie sehen mich andere als Mädchen?". Passen diese Einschätzungen zusammen, so hat der Mensch ein stimmiges Bild von sich – und damit eine gelungene Ich-Identität, bzw. Geschlechtsidentität aufgebaut.

Um die Entwicklung der Geschlechtsidentität zu fassen, bietet sich das erweiterte Stufenmodell des Psychologen Lawrence Kohlberg an.

Geschlechtsbewusstsein und Kategorisierungen

„Ich bin ein Junge! Und Ella ist ein Mädchen!"

Zwischen dem zweiten und dritten Lebensjahr sind Kinder in der Lage, sowohl ihr eigenes Geschlecht, als auch das Geschlecht anderer zu benennen. Sie haben damit ein Geschlechtsbewusstsein. In diesem Lebensalter spielen generell Kategorisierungen bzw. das Ordnen von Gegenständen aufgrund ihrer sichtbaren Merkmale eine bedeutsame Rolle. So sind Kinder beispielsweise unermüdlich damit beschäftigt, Bauklötze nach Farben zu sortieren. Selbiges gilt auch für das Kategorisieren in „männlich" und „weiblich". So sind z.B. Röcke „Mädchen" und ganz kurze Haare „Jungen". Bei diesen Einteilungen gehen die Kinder sehr streng vor, denn hat ein Junge in der Kita einen rosa Pullover mit Schmetterlingen drauf an, so wird er von den anderen Kindern sicher schnell und möglicherweise nicht besonders freundlich darauf hingewiesen, dass sein Pullover für Mädchen sei. Diese Zuordnung sichtbarer Merkmale trifft auch auf zu beobachtende Verhaltensweisen von Menschen zu. Die Kinder sind stolz, wenn sie die Merkmale erkennen, die Jungen- und Mädchengruppen zugeordnet werden, und sie diese auf sich anwenden können. Sie möchten zu „ihrer" Gruppe dazu gehören.

Das Wissen darum, was männlich und was weiblich ist, erhalten die Kinder aus ihren Beobachtungen, den Äußerungen anderer Menschen und den Medien. So ordnen die meisten Kinder höchstwahrscheinlich ein in blau gekleidetes Baby den Jungen und ein Baby im rosa Strampelanzug den Mädchen zu.

KINDER DEMONSTRIEREN IHRE GESCHLECHTSZUGEHÖRIGKEIT

„Mit Jungen spielen wir nicht!"

In dieser Entwicklungsphase ist es Kindern sehr wichtig, ihre Geschlechtszugehörigkeit eindeutig zu demonstrieren. Jungen ahmen andere Jungen und Männer nach, während Mädchen sich an Mädchen oder Frauen orientieren. Wenn Kinder die Wahl haben, bevorzugen sie das Spielen in gleichgeschlechtlichen Gruppen und wollen sich von der anderen Geschlechtergruppe abgrenzen.

POSITIVE BEWERTUNG DER EIGENEN GESCHLECHTERKATEGORIE

„Puppen sind Mädchenkram und doof!"

All das, was mit ihrer eigenen Geschlechterkategorie zu tun hat, wird vom Kind eher positiv bewertet. All das, was in die andere Geschlechterkategorie fällt, wird eher abgewertet. So wertet z. B. ein Junge Puppen als „Mädchenkram" und „doof" ab, obwohl er vor einigen Monaten sehr gerne mit Puppen gespielt hat. Und ein Mädchen möchte plötzlich nicht mehr mit ihrem Nachbarfreund auf der Straße Ritterkämpfe spielen, weil dieses nur „für Jungen" ist.

Fatal ist dabei, dass Jungen und Mädchen sich vielfältige Erfahrungen verbauen und entsprechend der Geschlechterklischees nur eingeschränkt Erfahrungen machen und Fähigkeiten trainieren. So lernen Jungen beispielsweise den Umgang mit Konstruktionsmaterial, während Mädchen das „Hegen und Pflegen" von Puppen trainieren. All das, was ein Mensch gut kann, wiederholt er gerne und baut es aus. Was ein Mensch nicht so gut kann, wird er möglicherweise vermeiden.

GESCHLECHTERKONSTANZ

„Ich werde immer ein Junge/ein Mädchen bleiben!"

Zwischen dem fünften und sechsten Lebensjahr etwa begreift ein Kind, dass das Geschlecht ein unveränderliches Merkmal ist. So versteht ein Mädchen beispielsweise, dass es auch dann ein Mädchen ist, wenn es sich als Junge verkleidet. Diese Einsicht wird als Geschlechterkonstanz bezeichnet. Das Kind sucht nun verstärkt nach für sein Geschlecht typischen Informationen, findet sie gut und macht sie sich zu Eigen. So möchte es immer wieder seine Weiblichkeit oder Männlichkeit im Sinne einer sicheren Geschlechterkonstanz bestätigen. (▶ vgl. Hubrig 2010, S. 42ff.)

Zusammenfassung:

> › Zuordnung des eigenen Geschlechts
> › Geschlechtszuordnung bei anderen
> › Wissen um Attribute/Tätigkeiten, die mit dem Geschlecht zusammenhängen (Stereotype)
> › Hochbewertung des eigenen Geschlechts, Abwertung des Gegengeschlechts, Präferenzen für geschlechtsadäquate Tätigkeiten und gleichgeschlechtliche Personen
> › Geschlechterkonstanz = Verbindlichkeit, Identifikation mit gleichgeschlechtlichen Modellen. (▶ vgl. Bischof-Köhler, 2002, S. 94)

Sinn und Falle der Klischees

„Jungen sind laut und toben!"

Die pädagogische Fachkraft berichtet entnervt: „Die Jungen meiner Gruppe toben den ganz Tag und sind laut!" Dabei sieht sie acht Jungen dieser Gruppe und übersieht die anderen sechs Jungen der Gruppe. Die Wahrnehmung der Erzieherin ist vom Klischee „Jungen toben und sind laut!" geprägt. Nun hat sich das Klischee in ihren Augen erneut bestätigt und es wird damit bestärkt.

An Jungen und Mädchen werden immer wieder unterschiedliche gesellschaftliche Erwartungen hinsichtlich bestimmter Eigenschaften oder Verhaltensweisen (z. B. sind Mädchen schüchtern oder Jungen spielen gerne Fußball) herangetragen. Diese Vorurteile werden Stereotype genannt. Sie sind letztendlich Erklärungsmuster, die sich der Mensch im Laufe seiner Sozialisation aneignet, um in alltäglichen Situationen eine Orientierung zu haben, und dabei helfen, sich schnell zurechtzufinden. Sie werden immer dann angewendet, wenn es in der Situation gerade passt. Das ist eine fatale Falle. Die Klischees über Jungen und Mädchen verfestigen sich im Laufe der Zeit und beeinflussen die Wahrnehmung der ErzieherInnen und die Interpretation der kindlichen Verhaltensweisen.

In unserem o. g. Beispiel wird völlig übersehen, dass bei genauerer Betrachtung viele laute und tobende sowie ruhige Jungen und Mädchen in der Kindergartengruppe zu finden sind. Mädchen und Jungen werden nicht mehr individuell betrachtet und wahrgenommen, sondern „über einen Kamm geschert". Im Zuge des pädagogischen Alltags schleichen sich Geschlechterstereotype ein und so merkt eine Erzieherin möglicherweise gar nicht, was sie tatsächlich aussagt bei der Ermahnung: „Auch die Jungen wischen heute ihren Platz sauber!" oder mit der Aussage: „Die Mädchen meiner Gruppe basteln gerne mit Bügelperlen."
(▶ vgl. Hubrig 2010, S. 32 ff.)

Ein für die Pädagogik wichtiger Aspekt ist das Wissen darum,

› dass Klischees – z. B. Mädchen können gut basteln und Jungen nicht – auch die tatsächlichen Fähigkeiten der Mädchen und Jungen stark beeinflussen können. (▶ vgl. Bischof-Köhler 2010, S. 90)

› dass diese Vorurteile an Bedeutung verlieren, wenn die Jungen und Mädchen erfahren, dass diese nicht stimmen – weil sich beispielsweise auch viele Jungen oft und leidenschaftlich an den Basteltisch setzen und viele Mädchen lieber mit der Parkgarage spielen, als zu basteln.

Was bedeutet
geschlechtersensible Pädagogik?

Der Kindergarten ist kein geschlechtsneutraler Raum. Während der Kindergartenzeit werden die Geschlechtsidentität und Geschlechtsrollen von den Jungen und Mädchen entwickelt, erprobt und gefestigt. Der Zugang zu bestimmten Tätigkeiten wird auch im Kindergarten durch die geschlechtsspezifischen Erwartungen und Rollenverhalten gesteuert.

Eine Herangehensweise an die geschlechtersensible Pädagogik ist die kompensatorische Erziehung. Bei dieser ausgleichenden Pädagogik beider Geschlechter geht es darum, dass Jungen und Mädchen jeweils genau in den Bereichen gefördert werden, bzw. ihnen die Spiel- und Aktionsräume eröffnet werden, die ihnen aufgrund ihrer traditionellen Rollenzuweisungen nicht selbstverständlich zugänglich sind. Jungen und Mädchen sollten damit die Möglichkeit erhalten, Fähigkeiten, Verhaltensweisen und Interessen zu entwickeln, zu erweitern und zu trainieren, die über ihr eingeengtes, zugewiesenes Rollenbild hinausgehen.

Die Kinder sollen erleben, dass es verschiedenste Möglichkeiten gibt, ein Junge bzw. ein Mädchen zu sein. So sollte beispielsweise ein Junge die Möglichkeit erhalten, sich beim Pflegen und sich Kümmern um Puppen oder Kuscheltiere oder beim Spielen von Gummitwist als Junge zu erfahren und die Mädchen die Chance haben, sich als Bauarbeiterin oder Forscherin zu verwirklichen. ErzieherInnen sollten die Kinder ermuntern, bisher Unbekanntes und Unvertrautes neugierig zu entdecken und vielfältige Aktivitäten und Spiele auszuprobieren.

Dabei darf aber das Bedürfnis der Kinder nach geschlechtstypischem Verhalten nicht außer Acht gelassen werden, denn die Jungen und Mädchen im Kindergartenalter benötigen diese Orientierungsmöglichkeit mal mehr und mal weniger zur Vergewisserung ihres Geschlechts. Geschlechtsspezifische Etiketten von Dingen oder Verhaltensweisen sind für Jungen und Mädchen oft ausschlaggebend dafür, Interesse an einer Sache zu haben. So zeigte eine Untersuchung, dass Vierjährige dreimal so lange mit einem Spielzeug spielten von dem ihnen gesagt wurde, es sei für ihr Geschlecht. (▶ vgl. Fine 2012, S. 359)

Aber: Pädagogische Fachkräfte sollten sich immer wieder bewusst machen, dass

> › es keine männlichen oder weiblichen Fähigkeiten, Vorlieben und Interessen gibt, sondern diese lediglich als männlich oder weiblich deklariert sind,

> › alle gesellschaftlich festgelegten, geschlechterspezifischen Etiketten veränderbar sind!

Ausgleichende, geschlechterbewusste Pädagogik heißt, Jungen und Mädchen Erfahrungsbereiche zu eröffnen, die ihnen aufgrund ihrer traditionellen Rollenzuweisungen erschwerter zugänglich sind als dem anderen Geschlecht.

Nur durch die Überschreitung der vermeintlich männlichen und weiblichen Bereiche können Kinder die vielfältigen Möglichkeiten für sich nutzen bzw. auswählen und selbst (bewusst) bestimmen, was für ein Junge oder was für ein Mädchen sie sein wollen. Welche Bereiche und Fähigkeiten sind es, in denen Jungen und Mädchen des Öfteren zu kurz kommen und durch gezielte Angebote gefördert werden sollten?

Viele Jungen brauchen verstärkt Angebote, bei denen ...

› ihr Sprachvermögen gefördert wird.
› ihre feinmotorischen Fähigkeiten gefördert werden.
› sie Gefühle erkennen lernen und ihr Einfühlungsvermögen gefördert wird.
› sie über Gefühle reden können.
› sie Konfliktlösestrategien üben.
› sie kooperatives Verhalten üben.
› einen positiven, achtsamen Umgang mit ihrem Körper erlernen.
› ein Interesse an hauswirtschaftlichen Tätigkeiten geweckt wird.
› ein Interesse an pflegerischen, fürsorglichen Tätigkeiten geweckt wird.
› ein Sinn für ästhetische Produktivität entwickelt wird.
› sie ihre körperlichen Möglichkeiten und Grenzen erfahren.
› sie auch Spiele spielen, die nicht raumgreifend, sondern standgebunden sind.
› Entspannungsfähigkeit und zur Ruhe kommen ermöglicht wird.
› sich Jungen positiv mit Schwäche und Angst auseinandersetzen können.

Viele Mädchen brauchen verstärkt Angebote, bei denen ...

› sie drinnen und draußen raumgreifend spielen.
› ihre räumliche Wahrnehmung gefördert wird.
› sie Selbstvertrauen erleben und etwas bewirken können.
› sie sich durchsetzen üben.
› ein Interesse an Handwerk und Technik geweckt wird.
› sie etwas Funktionales herstellen.
› sie die Möglichkeit haben, persönliche Grenzen zu überschreiten.
› sie sich körperlich kräftig und grobmotorisch erleben können.
› sie sich stark, laut und lustvoll ausdrücken können.
› sie eine positive Auseinandersetzung mit Aggression ermöglicht wird.

Anregungen zur Auseinandersetzung im Team

„Geschlechtersensibles Arbeiten beginnt bei uns selbst, den pädagogischen Fachkräften!"

Geschlechtersensible Pädagogik ist kein zeitlich begrenztes Projekt, sondern eine grundlegende innere Haltung der pädagogischen Fachkraft. Diese Haltung drückt sich in einem geschlechterbewussten Umgang mit den Jungen und Mädchen ihrer Gruppe aus. So wird die pädagogische Fachkraft z. B. bewusst darauf achten in einer Aufräumsituation nicht zu rufen: „... und die Mädchen räumen noch den Basteltisch auf!", sondern differenziert zu gucken, wer tatsächlich am Basteltisch gearbeitet hat und ihn aufräumen muss. Vielleicht:

› wird eine Erzieherin es selber in Angriff nehmen, z. B. das neue Regal im Gruppenraum – evtl. gemeinsam mit den Kindern – zusammenzubauen und diese Arbeit nicht einem Vater oder dem Hausmeister überlassen.

› wird ein Erzieher sich dahingehend überprüfen, ob er das Prinzessinnen- verkleiden bei einem Jungen nicht nur duldet, sondern genauso unterstützt wie die Mädchen, wenn diese in eine männliche Fantasierolle schlüpfen.

„Ich habe keine Geschlechterklischees im Kopf! – Oder doch?"

Kopieren Sie die folgende Tabelle vergrößert und schneiden Sie die Begriffe aus. Legen Sie diese vor sich auf den Tisch. Sie haben nun die Aufgabe, die Begriffe nach einem Ordnungsschema zu sortieren. Diskutieren Sie gerne, bis Sie eine für alle Beteiligten stimmige Ordnung geschaffen haben.

Kopiervorlage

Haarspangen	Lippenstift	Bagger	Kaffeekränzchen
Küchenschürze	Ponys	Badehose	Schnaps
Bart	Armband	Parfum	Cheerleader
Bundeswehr	Aktentasche	schnelle Autos	Blaumann
Werkzeugkasten	Staubsauger	Handtasche	Spiderman
„Gilmore Girls"	Hobbykeller	Nageldesign	Prosecco

Wahrscheinlich haben Sie die Begriffe, bis auf wenige Ausnahmen, rasch in die Kategorie „für Männer" und „für Frauen" eingeteilt. Es ist Ihnen gelungen, weil Sie – wie alle Menschen – über Geschlechterklischees verfügen und wissen, wie sich Frauen und Männer – und auch Mädchen und Jungen – rollenkonform zu verhalten bzw. auszusehen haben. Das Kategorisieren in „männlich" und „weiblich" ist ein wesentliches Ordnungsprinzip in unserer Gesellschaft.

„Ob männlich oder weiblich – das ist mir nicht wichtig! Oder doch?"

Stellen Sie sich folgende Situation vor:
Sie stehen in einer Bäckerei und möchten Brötchen kaufen. Sie können aufgrund des Verhaltens, des Aussehens, der Kleidung und der Stimme nicht erkennen, ob es sich bei der Verkaufskraft um eine Frau oder um einen Mann handelt.
Tauschen Sie sich im Team über Ihre Gefühle und Gedanken aus!
Vermutlich ist es für Sie wichtig herauszufinden, ob Ihr Gegenüber männlich oder weiblich ist. Sie suchen nach einer Orientierung und Struktur.

Stellen Sie sich folgende Situation vor:
Die Kindergartenleitung teilt Ihnen kurz vor den Sommerferien mit, dass in Ihrer zukünftigen Gruppe nach den Ferien nur Jungen sein werden.
Wie ist Ihre spontane Reaktion? Was für Gedanken haben Sie? Warum denken Sie so? Tauschen Sie sich im Team darüber aus. Vermutlich ist es Ihnen nicht egal, welches Geschlecht die Kinder der Gruppe haben. Sie haben eine Fantasie im Kopf, dass in einer reinen Jungengruppe eine andere Gruppenatmosphäre herrscht und andere Themen vorrangig sind, als in einer gemischtgeschlechtlichen Gruppe.

„In meiner Gruppe werden alle Kinder gleich behandelt, egal ob Junge oder Mädchen! – Oder nicht?"

Stellen Sie sich folgende Situationen vor:
› *Der fast sechsjährige Milan kommt mit rotem Nagellack auf den Fingernägeln in den Kindergarten.*
› *Die fast sechsjährige Luise kommt mit rotem Nagellack auf den Fingernägeln in den Kindergarten.*
Und nun, „Hand aufs Herz!": Was empfinden Sie? Wie reagieren Sie? Warum reagieren Sie so? Tauschen Sie sich im Team aus.

Vermutlich ging es Ihnen so, dass Milan und Luise zwar dasselbe gemacht haben, aber es nicht dieselbe Reaktion bei Ihnen hervorgerufen hat. Dasselbe Verhalten von Mädchen und Jungen wird geschlechtertypisch interpretiert. So wird einem Jungen, der gerne mit dem Handy seiner Eltern hantiert, eher nachgesagt, er sei technisch interessiert, während dieses Verhalten bei einem Mädchen darauf reduziert wird, dass sie „schon früh anfängt" stundenlang quatschend am Telefon zu verbringen.

Reflexion des eigenen geschlechtersensiblen Verhaltens

› In welchen Situationen verhalte ich mich im privaten und auch im beruflichen Leben entsprechend der traditionellen Geschlechterrolle „typisch weiblich" oder „typisch männlich"?

› Welches Verhalten von Jungen mag ich und fördere es deshalb?

› Welches Verhalten von Mädchen mag ich und fördere es deshalb?

› Was mag ich an der pädagogischen Arbeit mit Mädchen?

› Was mag ich an der pädagogischen Arbeit mit Jungen?

› Welches Verhalten erwarte ich in Konfliktsituationen von Jungen?

› Welches Verhalten erwarte ich in Konfliktsituationen von Mädchen?

› Wie reagiere ich auf Jungen, die sich geschlechteruntypisch verhalten?

› Wie reagiere ich auf Mädchen, die sich geschlechteruntypisch verhalten?

› Wie verhalte ich mich in Konfliktsituationen gegenüber Mädchen?

› Wie verhalte ich mich in Konfliktsituationen gegenüber Jungen?

› Was empfinde ich, wenn Mädchen sich nicht entsprechend der weiblichen Geschlechterrolle verhalten (z.B. wenn sie laut und raumgreifend sind)?

› Was empfinde ich, wenn Jungen sich nicht entsprechend der männlichen Geschlechterrolle verhalten (z.B. wenn sie Friseur spielen und sich Zöpfe machen)?

› An welchen Angeboten nehmen mehrheitlich Jungen teil?
› An welchen Angeboten nehmen mehrheitlich Mädchen teil?

› Mache ich mehr Angebote, an denen Jungen teilnehmen, oder mehr Angebote, an denen Mädchen teilnehmen?

› Welche Möglichkeiten habe ich als Frau/als Mann, den Kindern alternative Erfahrungen zur traditionellen Geschlechterrolle zu bieten?

(▶ vgl. Kasüschke 2001)

Mädchenräume und Jungenräume

Jungen und Mädchen im Kindergartenalter wollen nicht gleich sein, sondern sich als Junge oder als Mädchen voneinander abgrenzen.

Sie können in diesem Alter nur ein „entweder/oder" begreifen und sind sich noch nicht darüber im Klaren, dass es vielfältige Möglichkeiten vom Jungensein oder Mädchensein gibt. Zur Abgrenzung suchen sich die Mädchen und Jungen eigene Räume, in denen sie unter Gleichgeschlechtlichen agieren und spielen. So finden sich in der Freispielzeit die Mädchen am Basteltisch zusammen, während eine Jungengruppe in der Tobeecke spielt. Jungen und Mädchen entwickeln in ihren gleichgeschlechtlichen Spielgruppen unterschiedliche Arten des Umgangs miteinander, die – je nach Rollenbild – geschlechtstypisch geprägt sind. Mädchen spielen beispielsweise im Durchschnitt weniger tobend, weniger raumgreifend und weniger rivalisierend als Jungen.

Diese geschlechtstypischen Fähigkeiten erlernen und trainieren die Kinder also quasi von selbst in ihrer Spielgruppe. Zur Erweiterung ihrer Kompetenzen und der einengenden Rollenbilder müssen ihnen bisher unbekannte Erfahrungen mit geschlechteruntypischen Aktivitäten näher gebracht werden. Manchmal ist es für die Kinder leichter, sich auf geschlechteruntypische Aktivitäten einzulassen, wenn Mädchen oder Jungen unter sich sind. In diesem geschützten Rahmen haben sie die Möglichkeit, sich an bestimmte Themen zu wagen und Neues zu erproben, ohne dass an ihrer Geschlechtsidentität „gerüttelt" wird.

Diese Abgrenzung ist aber sehr durchlässig, denn Mädchen und Jungen spielen auch gerne gemeinsam! So wenden sich Jungen auch den Spielen der Mädchen zu und umgekehrt. Es gibt Aktivitäten und Freundschaften, bei denen das Geschlecht keine Rolle spielt. Manchmal spielen auch ganz bewusst Jungengruppen und Mädchengruppen miteinander, z.B. bei dem Fangspiel „Mädchen fangen die Jungen". Es gibt auch „Spiele an der Grenze", wie Ärgern oder Provozieren. (▶ vgl. Rohrmann 2009, S. 23 ff.)

Aktivitäten in gemischtgeschlechtlichen Gruppen sind genauso wertvoll wie Aktionen, bei denen Jungen und Mädchen unter sich sind. Nur in gemischtgeschlechtlichen Gruppen können Kinder die Erlebnisse und Erfahrungen mit dem anderen Geschlecht teilen. Dabei besteht jedoch die Gefahr, dass es schnell zu einer unausgesprochenen geschlechterspezifischen Aufgabenverrichtung kommt. So räumen einige Mädchen oft schnell „mal eben" auf und ein paar Jungen übernehmen ungefragt die körperlich anstrengenden Arbeiten. ErzieherInnen fällt diese Aufgabenverteilung nicht immer auf, denn sie sind stimmig mit dem traditionellen, gesellschaftlichen Rollenbild und sie kennen das Verhalten aus ihrem beruflichen und privaten Alltag.

Ist das Anliegen der ErzieherInnen, dass Mädchen und Jungen in gleichgeschlechtlichen Gruppen ein Angebot wahrnehmen, so ist es sinnvoll, die Aktivitäten so zu gestalten, dass es eine Geschlechtertrennung hervorruft. Wird die Geschlechtertrennung über die spezifischen Aktivitäten herbeigeführt, hat es den Vorteil, dass prinzipiell alle Jungen und Mädchen daran teilnehmen können und niemand aufgrund des Geschlechts ausgeschlossen wird.

Aktionen und Spiele für Jungen und Mädchen

Selbstverständlich müssen alle angebotenen Spiele und Aktivitäten, die in einem Kindergarten angeboten werden, für Jungen und Mädchen sinnvoll sein.

Die Einordnung, ob Vorschläge eher „für Jungen" oder „für Mädchen" gedacht sind, orientiert sich an den gesellschaftlichen Rollenbildern.

ErzieherInnen sind zwar meistens der Meinung, dass in ihrer Obhut Jungen und Mädchen die gleichen Möglichkeiten zur Betätigung haben, denn selbstverständlich dürfen die Jungen in der Puppenecke spielen und auch die Mädchen auf dem Flur toben. „Sie tun es nur nicht!", ist zu hören.

Das liegt daran, dass Jungen und Mädchen im Kindergartenalter genau das auswählen, von dem sie meinen, dass es zu ihrer Geschlechterkategorie passt. Sie sind in ihrer Geschlechtsidentität noch nicht so weit entwickelt, dass sie sich über diese Zuschreibungen hinwegsetzen können und brauchen die Klischees, um sich in ihrem Jungensein oder Mädchensein sicher fühlen zu können.

Die folgende Auswahl an Spielen und Angeboten spielt mit den Klischees und baut bewusst Brücken, um den Kindern den Zugang zu rollenuntypischen Erfahrungen zu erleichtern, ohne ihr Rollenbild grundsätzlich in Frage zu stellen.

Die folgenden Kapitel sind in Bildungsbereiche aufgeteilt, die aber nur theoretisch voneinander zu trennen sind. In der Praxis vermischen sie sich. So sind beispielsweise „Kooperative Spiele" im Bereich „Bewegung" und auch im Bereich „Soziales Lernen" zu finden.

Die Gewichtung der Angebote für Jungen bzw. für Mädchen innerhalb der einzelnen Kapitel ist bewusst unausgewogen. So sind beispielsweise im Bereich „Bewegungsspiele" mehr Spiele „für Mädchen" und im Bereich „Sprache" „für Jungen" zu finden. Das jeweilige andere Geschlecht bekommt im Alltag schon viele für sie leicht zugängliche Angebote für den jeweiligen Bildungsbereich.

Und grundsätzlich gilt – wie bereits beschrieben: Alle Angebote sind für Jungen und für Mädchen! Die gesellschaftlichen Rollenbilder und Klischees treffen nicht auf alle Kinder gleichermaßen zu, so dass natürlich jedes Kind stets individuell betrachtet werden muss.

Geschlechtersensible Gestaltung der Funktionsecken

Viele Mädchen und Jungen zeigen im Kindergarten ein unterschiedliches Spielverhalten und eine unterschiedliche Nutzung der Spielräume. So besetzen öfters die Jungen beispielsweise die Bauecke und das weitläufige Außengelände, während sich überwiegend Mädchen in der Puppenecke und an den Basteltischen aufhalten. Damit trainieren und üben Jungen und Mädchen unterschiedliche Fähigkeiten.

Die Spielräume der Kinder für das Freispiel/Rollenspiel sollten daher so gestaltet sein, dass sie sowohl Jungen und Mädchen vielfältige Erfahrungen ermöglichen und auch zu Aktivitäten anregen, die dem Klischee nach geschlechteruntypisch sind. Sie müssen dafür so umgestaltet werden, dass sie bei Jungen und bei Mädchen Interesse wecken.

So werden z. B. die Spielräume neu interpretiert, dass sie die diesen Bereichen zugewiesenen Lernbereiche mit gesellschaftlichen Rollenbildern verknüpfen helfen, mit denen sich beide Geschlechter identifizieren können.

Jungen und Mädchen werden im Sinne der kompensatorischen, geschlechtersensiblen Pädagogik an geschlechteruntypische Aktivitäten herangeführt – bzw. in geschlechteruntypischen Fähigkeiten gefördert.

Die Einengung von Mädchen und Jungen in geschlechtstypische Aktionsräume hat weitreichende Konsequenzen. Wenn Mädchen beispielsweise die typischen Mädchenspiele spielen und dabei Pflege, Umsorgen etc. trainieren, so liegt die Wahrscheinlichkeit nahe, dass sie später einen sozialen, medizinischen oder pflegerischen Beruf ergreifen – etwa 80 % der Fürsorgearbeiten werden von Frauen geleistet, die wesentlich schlechter bezahlt werden, als ein typischer Männerberuf wie etwa aus dem technischen Bereich. Engagierte Männer sind in den typischen Frauenberufen sozial nicht gut angesehen. Auch unter diesem Blickwinkel ist es wichtig, dass Jungen und Mädchen alle Bereiche eröffnet sind und nahe gebracht werden, damit sie nicht in die geschlechterstereotypischen Bereiche und Berufe gedrängt werden. (▶ vgl. Schnerring/Verlan 2014, S. 26)

Unser Restaurant

Idee: Die überwiegend von Mädchen genutzte „Puppenecke" wird zu einem „Restaurant" ausgebaut.

Ein Umbau ist schnell gemacht. Viel Spielmaterial der Puppenecke kann gleich im Restaurant bleiben: Ein Tischchen als Arbeitsfläche, Spielherd, Kochutensilien wie Töpfe, Pfannen, Kochlöffel, Suppenkellen, Messbecher, Küchenwaage usw. sowie Geschirr müssen nur ein wenig umgestellt werden, so dass eine Restaurant-Küche entsteht. Eine große Auswahl von „Lebensmitteln" wie beispielsweise Kastanien, Holzeier, Wollfäden oder trockene Bohnen, Erbsen und Linsen werden in kleinen Dosen gelagert. Aus ihnen können auf Bestellung fantastische Gerichte gezaubert werden.

An zwei oder drei kleinen Tischchen dürfen die Gäste auf den Stühlen Platz nehmen. Die Tische sind mit (evtl. selbst gestalteten) Tischdecken und Vasen mit Papierblumen versehen. An den Wänden hängen hübsche Bilder oder Fotos und möglicherweise haben die Kinder schon Speisekarten gebastelt, die bereitliegen. Auch die Puppen sind gern gesehene Gäste im neuen Restaurant. Möglicherweise stehen sogar für die Babypuppen kreative Babybreie auf der Speisekarte und fürs Wickeln eine Wickelecke zur Verfügung …

Die Kellner und Kellnerinnen sind an ihren Schürzen zu erkennen und am Notizblock und Stift. So können die Wünsche der Gäste schnell notiert werden. In der Küche bemühen sich Koch und Köchin – erkennbar an Mütze oder Tuch – ganz nach den Wünschen der Gäste zu kochen, zu braten oder zu backen. Die Kellnerinnen und Kellner servieren das Essen und zum Abrechnen benötigen sie die große Geldbörse mit Spielgeld.

Während die Gäste in einer schönen Atmosphäre an hübsch gedeckten Tischen von einer aufmerksamen, höflichen Bedienung umsorgt werden, wird in der Küche auf Hochtouren gearbeitet: Es wird nicht nur Gemüse geputzt und geschnippelt, gekocht, gebrutzelt oder gebacken, sondern auch Geschirr gewaschen und abgetrocknet.

Die Gäste können sich beim Essen Zeit lassen, vielleicht noch einen Nachtisch oder ein Getränk bestellen ... Sie können sich aber auch aus der Verkleidungskiste ein paar Kleidungsstücke aussuchen und als neue Person mit viel Hunger wieder kommen.

Mögliche Spielimpulse:
› Heute ist Wunschtag im „Bella Italia" und alle Gäste dürfen ihre Lieblingspizza bestellen – was wünschen sich die Kinder?
› Oje, der Koch ist krank – da hilft nur eins: Nudeln für alle!
› Heute kommen die Tiere ins Restaurant – was bekommen sie zu fressen?
› Im Service geht heute alles schief – der Kellner setzt die Gäste an die falschen Tische, die Kellnerin verwechselt die Bestellungen und ...
› Opa Hermann hat doch tatsächlich sein Portemonnaie vergessen und kann sein Mittagessen nicht bezahlen – was passiert? Er darf später zahlen, muss zum Spülen in die Küche oder ...
› Die Köchin hat das Kochen verlernt und kocht Gerichte wie Socken mit Nudeln. Was kocht sie noch?

 # Wir machen die Zutaten für unser Restaurant

Eine feinmotorische Bastelaktivität für Jungen.

Wir machen Pizza

Material: Filz (oder Tonkarton) in unterschiedlichen Farben, Schere, Knete, Wolle, Schälchen, Klebstoff oder selbstklebendes Klettband

Die Kinder stellen verschiedenste Zutaten für eine Pizza her, zum Beispiel: Aus braunem Tonkarton oder Filz schneiden die Kinder tellergroße Scheiben aus. Auf gleiche Weise nur unterschiedlich groß basteln sie farblich passend Tomaten, Käse, Salami ... Aus Knete oder Wolle können z. B. Oliven, Zwiebel- und Paprikaringe entstehen. Je nach Spielentwicklung können die Zutaten immer wieder „frisch" gemacht und direkt auf den Pizzaboden geklebt werden oder mit Klettband versehen immer wieder verwendet werden.

Wir machen Nudeln

Alter: ab 3 Jahren
Material: dicke und dünne hellbraune Wolle, Scheren

Mit einer Schere schneiden die Kinder kurze dicke und lange dünne Stücke der Wolle als Nudeln und Spaghetti ab.

Gurkenschlangen und -gespenster

Eine kreative Gemüseschnippelaktion für Jungen.

Die Kinder gestalten aus Salatgurke Schlangen und Gespenster. Sie schneiden und schnippeln und verzieren sie nach eigenen Vorstellungen mit Petersilie, Möhrenstückchen.

Hinweis: Da sich die Gurkenfiguren nur begrenzt halten, sollten sie zu Dokumentationszwecken fotografiert und erst anschließend genussvoll aufgegessen werden!

Tipp: So ein kleiner Imbiss lässt sich auch mit Paprika, Radieschen, Tomaten und etwas Fantasie umsetzen.

Alter: ab 3 Jahren
Material: Salatgurken, Petersilie, evtl. Möhre, (möglichst Bio), Brettchen, Messer, evtl. Zahnstocher, evtl. Kamera

Bunte Teller für das Restaurant

Eine gestalterische Aktivität für Jungen.

Die Kinder verzieren die Pappteller nach Belieben mit neuen Mustern oder Motiven.

Hinweis: Die Kinder sollten wasserfeste Stifte stets unter Aufsicht der pädagogischen Fachkraft benutzen, weil die Farben nicht in den Mund genommen werden dürfen und Farbflecken aus der Kleidung schlecht zu entfernen sind.

Alter: ab 3 Jahren
Material: Pappteller, Wachsmalkreiden (evtl. Deckfarben, wasserfeste Stifte)

Das Chaos-Restaurant-Orchester

Eine Aktion für Mädchen, bei der sie sich lustvoll laut betätigen können.

Die Kinder suchen alles zusammen, was sich zum Krachmachen eignet. Haben alle „ihr" Instrument für sich gefunden, wählen sie aus ihrer Mitte eine Dirigentin aus und überreichen ihr den Kochlöffel als Taktstock. Das Orchester spielt nach folgenden Regeln: Wird der Stab über dem Kopf bewegt, spielen alle ganz laut, knapp über dem Boden bewegt, spielen alle ganz leise, hinter dem Rücken versteckt, ist Musikstopp.

Variationen: Die Kinder singen, bzw. schreien und kreischen dazu. Die Kinder laufen auf der Stelle bzw. stampfen laut dazu.

Alter: ab 3 Jahren
Material: alles, was Geräusche macht (z. B. Töpfe, Eimer und Holzkochlöffel zum Trommeln, Löffel zum Aneinanderschlagen, Blechdosen, mit Reis oder Bohnen gefüllte Behälter mit Deckel etc.)

Willkommen im Zirkus!

Idee: Die überwiegend von Jungen genutzte „Tobeecke" wird zur „Zirkusmanege".

Manege frei! An den Wänden hängen bunte Streifen aus Krepppapier und eine lange Wimpelkette. Kissen und Decken werden als Sitzbänke im Halbkreis verteilt. Von der Decke hängt ein Schwungtuch, wie ein Zirkuszelt. Seile und Taue, Luftballons, Reifen, Kriechtunnel, Chiffontücher, Kissen, Decken, Matten, weiche Podeste, Bälle, Kuscheltiere etc. liegen für die ArtistInnen, MagierInnen oder DompteurInnen bereit. In einer großen Verkleidungskiste findet jedes Kind sein passendes Outfit. Wer möchte, kann sich dazu auch schminken.

Nachdem die Zirkuskinder ihre Nummern einstudiert haben, bekommen die Gäste ihre Eintrittskarten und dürfen sich einen Platz aussuchen. Musik ertönt von einer CD oder die Kinder spielen live mit Musikinstrumenten, wie Flöten, Rasseln und Trommeln. Nun kann jedes Zirkuskind zeigen, was es kann. Das Publikum applaudiert begeistert. Besonders, wenn sich am Ende nach einer Vorstellung vor den Eltern alle verbeugen und zum Abschied winken.

Mögliche Spielimpulse:
› Mehrere Kinder jonglieren nebeneinander mit zwei oder drei bunten Chiffontüchern zu passender Musik.
› Die Kinder schminken und verkleiden sich als Clown und Clownin und denken sich lustige Arten zu Gehen aus.

› Die Kinder malen Eintrittskarten und Ankündigungsplakate für ihre Zirkusvorstellung.
› Die Spielleitung legt mehrere Springseile auf dem Boden aus, so dass sie sich
an manchen Stellen überlappen. Die Kinder balancieren über die Seile.
Ggf. müssen sie aneinander vorbei balancieren.
› Die Seile werden auf den Boden gelegt. Die Kinder gehen und springen über
die Seile.
› Die Kinder sind Zebras und Pferde und laufen im Kreis. Ein Kind ist Dompteur/in
und dirigiert die Tiere in eine Kreisrichtung.

Löwinnen in der Manege

*Ein Bewegungsspiel, bei dem sich Mädchen als stark, mächtig und laut
erleben können.*

Vorbereitung: Für den „Feuerreifen" schneiden die Kinder rote und gelbe Krepp-
papierstreifen und kleben sie mit Klebeband eng nebeneinander an den Reifen. Die
Spielleitung übt mit den Löwinnen Kunststücke für die nächste Zirkusvorstellung:

Alter: ab 3 Jahren
Material: 1 Reifen,
Krepppapier (rot und
gelb), Klebeband,
Schere, Podeste
(Kisten, Stühle o.Ä.),
Kissen

› Die Kinder krabbeln laut brüllend durch den Raum.
› Die Kinder krabbeln um die ausliegenden Kissen herum.
Ruft die Spielleitung „Platz!" suchen sich alle Löwinnen schnell
ein Kissen und setzen sich drauf.
› Sie laufen links und rechts im Kreis herum.
› Sie springen auf unterschiedlich hohe Podeste und wieder herunter.
› Sie springen durch einen Feuerreifen, den die Dompteurin den Kindern
in unterschiedlicher Höhe vorhält.

Magier in der Manege
Zauberstäbe basteln

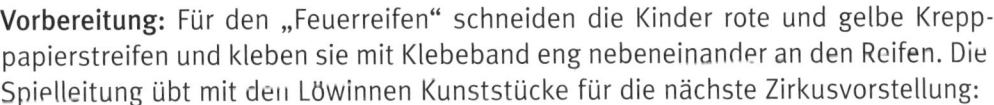

Eine feinmotorische Herausforderung.

Von der Buchfolie schneiden die Kinder so ein großes Stück ab, dass die Folie sich
von selbst rollt und letztendlich doppelt aufeinander liegt. In die eine Rollenseite
stecken sie einen Korken (wie einen Stöpsel) und umkleben bzw. befestigen ihn
mit farbigem Klebeband. Nun befüllen sie die Rolle mit Glitzer, Perlen, kleinen
Glöckchen, Konfetti o.Ä. Die Rolle sollte nicht randvoll befüllt werden, damit sich
die kleinen Teile noch bewegen können.

Abschließend verschließen sie die offene Seite der Rolle mit einem weiteren
Korken und umkleben ihn ebenfalls mit buntem Klebeband.

Alter: ab 4 Jahren
Material: farbiges
Klebeband, 2 Korken,
1 Rolle transparente
Buchfolie, evtl. Trichter,
zum Füllen: Glitzer,
Perlen, Konfetti, kleine
Glöckchen etc.

Der Zauberstab im Portemonnaie

Ein magischer Zaubertrick für Jungen, bei dem es auf Geschicklichkeit und eine gute Feinmotorik ankommt.

Alter: ab 4 Jahren
Material: 1 altes Portemonnaie (keine Brieftasche), 1 Zauberstab, Schere (Cuttermesser), etwas Langärmliges zum Anziehen, 1 Gummiband für das Handgelenk

Vorbereitung: In das Portemonnaie ein so großes Kreuz schneiden, dass der Zauberstab hindurch passt. Den Zauberstab unter dem linken Ärmel des Magiers verstecken und über dem Handgelenk mit Gummiband fixieren.

Der Magier betritt die Zirkusmanege. Er zeigt mit der rechten Hand sein Portemonnaie und öffnet es, so dass alle sehen können, dass es vollkommen leer ist.

Der Magier schließt das Portemonnaie wieder und sagt dabei laut seinen Zauberspruch: „Schnippel schnappel Quark. Im Portemonnaie der Zauberstab!" Währenddessen stülpt er unauffällig das Loch des Portemonnaies über den Zauberstab und präsentiert dem Publikum das Unglaubliche: Er öffnet das Portemonnaie und zieht langsam den Zauberstab heraus.

Am Ende kann der Magier den Zauberstab einem Zuschauer oder einer Zuschauerin geben, damit sich alle davon überzeugen können, dass er nicht aus Gummi oder zum Zusammenklappen ist.

Der stärkste Mensch der Welt!

Hier zeigt sich die wahre Stärke in der Geschicklichkeit.

Alter: ab 4 Jahren
Material: Zauberstab, ein kleines Stück Schwamm mit Wasser

Der Magier betritt die Manege und erzählt seinem Publikum, er sei der stärkste Mann der Welt. Er sei so stark, dass er sogar Wasser aus seinem Zauberstab pressen werde. Damit sich das Publikum davon überzeugen kann, dass das kein billiger Trick ist, reicht er den Zauberstab einigen ZuschauerInnen, die ihn feste drücken dürfen.

Währenddessen legt sich der Magier unauffällig einen feuchten Schwamm in die Handinnenfläche. Nun ist der Magier wieder an der Reihe: Er nimmt den Zauberstab in die Hand mit dem Schwamm und drückt und drückt, bis schließlich einige Tropfen Wasser auf den Boden fallen.

Seifenblasenzauber

Ein Beobachtungsspiel für Jungen, bei dem sie zur Ruhe kommen.

Alter: ab 3 Jahren
Material: Seifenblasen, Decken (Matten)

Die Kinder legen sich mit dem Rücken auf eine Decke/Matte. Die Spielleitung geht herum und pustet Seifenblasen in die Luft. Die Kinder schauen den Blasen nach und dürfen sie durch zartes Pusten etwas tanzen lassen.

Stuntwoman

Ein Spiel, bei dem es auf Zielsicherheit und Mut ankommt.

Ein großes Zeitungsblatt wird von zwei Personen (zwei Erwachsene oder ein Erwachsener und ein Kind) an den Ecken gefasst und gespannt zwischen sich gehalten. Das Kind springt durch diese „Mauer" oder rennt hindurch. Bei genügend Geschwindigkeit reißt die Zeitung. Ein neues Zeitungspapier wird gehalten und das nächste Kind springt los oder rennt hindurch.

Tipp: Ist die Zirkusecke geräumig, macht dieses Spiel vor allem auf Rollbrettern Spaß!

Alter: ab 3 Jahren
Material: große Zeitungsbögen, evtl. Rollbretter

Bei uns im Zoo

Idee: Die überwiegend von Jungen genutzte „Bauecke" wird zum „Zoo".

Die klassische Bauecke wird durch die Ergänzung von Spielmaterial zu einem großen Zoo umgestaltet. Neben Bauklötzen, Konstruktionsspielmaterial und Magnetstäben stehen zum Aufbau des Zoos viele kleine Spieltiere, -figuren und Zubehör, wie Zäune, Besen oder Schubkarren und einige Autos zur Verfügung. Die Kinder können den Zoo aufbauen und immer wieder umgestalten. So wird der Zoo beispielsweise um einen tollen Spielplatz für die Besucherkinder erweitert oder an einem Tag kehren die Dinosaurier zurück … Sicherlich verselbstständigen sich so manche Tiere auch beim Aufbauen und müssen schnell wieder gefangen werden. Manche von ihnen brauchen ein größeres Gehege, weil die Tierfamilie Nachwuchs bekommen hat und möglicherweise muss ein Tier auch mal in die Tierklinik.

Mögliche Spielimpulse:
› Die Kinder konstruieren einen Zoo mit Ställen, Tiergehegen, Parkanlagen und Wegen.
› Die Affen sind los! Was stellen sie an? Die Kinder spielen eine Geschichte.
› Tierfütterung! Die Kinder suchen geeignetes Spielmaterial für die Tierfütterung, z. B. kleine Papierkügelchen, Perlen oder Gras.
› Besuchstag! Die Tiere besuchen sich untereinander und freunden sich an. Wo geht der Löwe hin? Wen besuchen die Hasen?

Das Affengehege

Eine Aktivität für Mädchen, bei der das räumliche Denken gefördert wird.

Die Kinder wählen einen Bereich der Bauecke als Affengehege aus, den sie mit Felsen aus Ytong ausgestalten. Sie probieren die Werkzeuge am Ytongstein aus. Sie schneiden ihn in passende Stücke, formen ihn durch Abraspeln der Ecken, Abschleifen, Zersägen etc. so lange, bis kleine Felsen als Kletterlandschaft für das Affengehege des Zoos entstanden sind.

Hinweis: Bitte keine Holzwerkzeuge für diese Aktion verwenden – weil sie danach für Holzarbeiten nicht mehr zu benutzen sind!

Tipp: Reste können – entsprechend zugeschnitten – auch gut als Bausteine Verwendung finden.

Alter: ab 4 Jahren
Spielfiguren: kleine Spielaffen aus dem Fundus oder selbst gebastelt (z. B. aus Pfeifenputzer)
Material: Ytongsteine, kleine Sägen (Küchenmesser), Feilen, Raspeln, Schleifpapier, evtl. Mundschutz

Ein Stall für unsre Ponys

Eine Werkaktion, bei der Mädchen ein Produkt bauen.

Zunächst wählen die Kinder aus, welcher Karton von der Größe her für den Stall der zu versorgenden Ponys geeignet ist. Nun malen sie ein großes Tor und die Fenster mit einem Stift auf die Innenseite des Kartons. Anschließend werden diese mit der Säge (oder dem Messer) herausgeschnitten. Werden nur jeweils drei Seiten des Fensters geschnitten, kann es auf- und zugeklappt werden!

Nun kann der Stall mit Wasserfarben bemalt werden. Nach dem Trocknen suchen sich die Kinder einen geeigneten Platz in der Zooecke für ihre Pferde aus, begrenzen evtl. die Koppel mit vorhandenen Zäunen und legen das Stroh in den Stall.

Hinweis: Der Umgang mit dem Messer und der Säge birgt eine Verletzungsgefahr. Deshalb sollten Sie die Kinder beim Bauen und Basteln einzeln begleiten und unterstützen.

Alter: ab 4 Jahren
Spielfiguren: Spielpferde aus dem Fundus oder selbst gebastelt (z. B. aus Tonkarton)
Material: stabile Kartons (z. B. Schuhkartons o. Ä.), Stifte, kleine Handsäge, scharfes Messer, Schere, Wasserfarben, Wasser, Pinsel, ein wenig Stroh (aus dem Tiergeschäft)

Die Zootiere auf dem Trampolin

Ein kooperatives, rhythmisches Spiel für Jungen.

Die Kinder fassen an den Rand des Schwungtuches und bringen es durch den gemeinsamen Bewegungsrhythmus der Arme zum Schwingen.

Ein Kuscheltier wird auf das Tuch gelegt. Ziel ist es, es möglichst hoch in die Luft fliegen zu lassen und es mit dem Tuch wieder aufzufangen. Gelingt das mit einem Tier, dürfen nach und nach weitere Tiere auf das Schwungtuch kommen. Fällt das erste Tier herunter, beginnt eine neue Runde wieder mit einem Tier!

Tipp: Anfangs ist es hilfreich, wenn Sie einen Bewegungsrhythmus vorgeben, an dem sich die Kinder orientieren können.

Alter: ab 3 Jahren
Material: Schwungtuch (oder Bettlaken), Kuscheltiere

Ein Aquarium für den Zoo

Eine feinmotorische Bastelaktivität für Jungen.

Spielfiguren: kleine
Fische, Muscheln …
aus dem Fundus oder
selbst gebastelt
Material: Schuhkarton,
Spiegelfolie oder
Alufolie, buntes Trans-
parentpapier, Schere,
Messer, grünes, rotes
und gelbes Tonpapier,
Bindfaden, Glitzer,
Klebstoff, Klebeband,
kleine Steine

Aus dem Deckel des Schuhkartons ein großes Rechteck schneiden und darüber blaues Transparentpapier kleben.

In eine schmale Seite des Kartons einen Kreis als späteres „Guckloch" heraus-schneiden und ebenfalls mit blauem Transparentpapier überkleben. Die Innensei-ten des Kartons mit Spiegel- oder Alufolie auskleiden. Den Boden des Schuhkar-tons mit grünem Tonpapier bekleben. Kleine Steine und Muscheln darauf verteilen und mit „Grünpflanzen" aus Tonpapier dekorieren.

Kleine Fische – aus dem Fundus oder selbst gemalt und ausgeschnitten – mit unterschiedlich langen Bindfäden versehen und von innen mit einem Klebestreifen am Deckel befestigen. Zum Schluss den Deckel auf den Karton legen.

Schauen die Kinder durch das Guckloch, können sie in die geheimnisvolle Unterwasserwelt des Zooaquariums eintauchen.

Impulse für das pädagogische Team

„Welche Spielecken müssen wir für die Jungen und Mädchen unserer Gruppe attraktiver gestalten?"

Um die Funktionsecken sinnvoll umgestalten zu können, sollten Sie sich mit den nachstehenden Fragen auseinandersetzen. Tauschen Sie Ihre Antworten im Team aus und besprechen Sie Ihre Ideen. Sinnvoll ist es, einen direkten konkreten Plan zur Umsetzung der neuen Funktionsecken festzulegen. Das Spielverhalten der Jungen und Mädchen sollte über ein bis zwei Wochen in den neuen Spielräumen beobachtet werden. Aufgrund dieser Beobachtungen, sollten Sie die Ecken beibehalten oder verändern.

› Welche Spielecken und Räume werden überwiegend
  von Jungen genutzt?
› Welche Spielecken und Räume werden überwiegend
  von Mädchen genutzt?
› Welche Spielecken und Räume werden von Jungen
  und Mädchen gemeinsam genutzt?
› Werden die Mädchen aus bestimmten Spielbereichen verdrängt?
› Werden die Jungen aus bestimmten Spielbereichen verdrängt?

Konsequenzen unserer Beobachtungen:

› Welche Spielecken und Räume müssen wir für die Jungen interessanter und
  zugänglicher machen?
  Konkrete Ideen: ...
› Welche Spielecken und Räume müssen wir für die Mädchen interessanter
  und zugänglicher machen?
  Konkrete Ideen: ...
› Welche Funktionsecken legen wir nun fest?
› Wer übernimmt die Gestaltung für welche Funktionsecke?
› Wann soll sie fertig sein?
› Wie lange sollen sie von der Gruppe getestet werden?
› Wer übernimmt die Beobachtung der Spiele für welche Funktionsecke?
› Wann ist das nächste Treffen für den ersten Austausch über die neue
  Funktionsecke?

Kreatives Gestalten: malen, basteln, werken, bauen

Idee: Kinder, welche sich im Alltag nicht selbstverständlich am Mal- und Basteltisch betätigen, zu feinmotorischen und kreativen Aktivitäten anzuregen. Ideen vorzustellen, wie Werkarbeiten für alle Kinder attraktiv genutzt werden können.

Ein Kindergartentag ohne Malen und Basteln ist für viele kaum vorstellbar. Auffallend ist, dass sich an den Mal- und Basteltischen meistens Erzieherinnen und Mädchen beschäftigen. Manchmal malen immer die gleichen Mädchen endlos viele Bilder oder konzentrieren sich ganz auf das, was sie schneiden, kleben und gestalten wollen. – Es ist ein Ort der Ruhe und leisen Töne.

Jungen sind beim Basteln oft zielgerichtet, haben es eilig, verbreiten Hektik, wenn sie möglicherweise schnell eine Schatzkarte oder ein Messer fürs Piratenspiel brauchen, ihr Aufenthalt am Basteltisch ist demnach möglichst kurz.

Für solche Kinder, die nur selten gerne am Maltisch sitzen, werden alternative, attraktive Angebote benötigt, bei denen ihre Feinmotorik gefördert wird und sie gestalterisch tätig sein können.

Im Gegensatz zu den Maltischen sind frei zugängliche Werkbänke in Kindergärten keine Selbstverständlichkeit. Dieses wird oft damit begründet, dass Werkarbeiten zu gefährlich und zu laut seien. Tatsächlich aber haben viele Erzieherinnen eine Hemmschwelle handwerklichen Tätigkeiten gegenüber, weil sie ihnen fremd sind, und sie sich deshalb schwer tun, Werkaktionen anzubieten und zu begleiten. Trauen sie sich aber in das unbekannte Terrain, profitieren Jungen und Mädchen davon. Jungen haben noch eher die Chance als Mädchen, zu Werkarbeiten motiviert zu werden, beispielsweise durch den Vater.

Erzieherinnen sollten sich und den Kindern die Chance geben, gemeinsam an der Werkbank zu experimentieren und sich dem handwerklichen Bereich zu eröffnen. Kinder profitieren hinsichtlich einer flexiblen Geschlechtsidentität sehr davon, wenn sie sehen, dass sich die Erzieherin im Alltag auch an die Lösung kleiner handwerklicher Probleme wagt und nicht bei jeder Herausforderung gleich den Hausmeister oder nach einem Vater ruft, der das erledigen soll.

Gruselige Waldgeister

Hier töpfern die Jungen draußen.

Jedes Kind sucht sich einen Baum aus und drückt dort, wo der Kopf des Waldgeistes entstehen soll (etwa in Kopfhöhe) etwas Ton an den Baumstamm. Mit Stöckchen oder Fingern formen die Kinder das Gesicht. Mit Steinchen, Beeren oder anderen Schätzen der Natur kleben sie Auge, Mund, Nase, Ohren und Haare an ihren Waldgeist. Vielleicht bekommt der eine oder andere Waldgeist auch einen Körper …
  Nun können die Kinder selbst im Wald herumgeistern und alle Baumgeister begrüßen. Vielleicht gibt es auch einen Baum mit mehreren Gesichtern!
  Tipp: Zur Dokumentation bietet es sich an, die Waldgeister mit dem dazugehörigen Kind zu fotografieren.

Alter: ab 3 Jahren
Ort: auf dem Außengelände der Kita, im Park oder im Wald
Material: Ton, Stöcker, Fundstücke aus der Natur vor Ort (z. B. Gras, Blätter, Steinchen, Blüten), evtl. Fotoapparat

Geheime Botschaften

Jungen kommunizieren miteinander und malen.

Die Kinder malen mit der Wachskreide (oder der weißen Kerze) auf ein trockenes Papier. Sie können eine geheime Botschaft für jemanden malen oder „schreiben".
  Nun geben sie das Papier demjenigen, für den oder die diese Botschaft bestimmt ist. Dieses Kind malt nun mit Wasserfarben über das Bild. Es kann verschiedene Farben benutzen.
  Überraschung: Die Botschaft wird sichtbar!

Alter: ab 4 Jahren
Material: farblose Wachskreide (alternativ eine weiße Kerze), Aquarellpapier, Pinsel, Schälchen mit Wasser, Wasserfarbe

Kunstwerke aus Elektroschrott

Mädchen nehmen technische Geräte auseinander.

Mit Hilfe der pädagogischen Fachkraft nehmen die Kinder alte Elektrogeräte auseinander. Aus den Einzelteilen bauen sie mit Drähten etc. einen kleines Kunstwerk oder etwas Praktisches wie einen neuen Hut.

Alter: ab 4 Jahren
Material: viele alte Elektrogeräte, Draht, Schraubendreher, Nägel, Hammer

Fantasietiere aus Holzresten

Hier können Mädchen sich handwerklich ausprobieren.

Die Kinder bauen aus den Holzresten nach ihren Vorstellungen ein Fantasietier. Abschließend stellen sie ihr Tier vor:
Kann es fliegen? Schnell laufen?
Was frisst es?
Wo schläft es? …

Alter: ab 4 Jahren
Material: Holzreste, Säge, Schleifpapier, Hammer, Nägel, Holzkleber, Acrylfarbe, Pinsel, Wasser

Der fliegende Drache

Eine feinmotorische Bastelaktivität für Jungen.

Alter: ab 5 Jahren
Material: Papprolle
(Haushaltsrolle),
Tonpapier, Schere,
Transparentpapier,
Klebstoff,
Gummiband,
langer Stock

Die Kinder umkleben die Papprolle mit farbigem Tonpapier. Aus dem gleichen Papier schneiden sie Kopf und Füße des Drachen aus und kleben sie entsprechend an der Rolle fest.

Aus dem Tonpapier schneiden sie einen Streifen, etwas länger als die Rolle. Der vorne herausragende Teil wird umgebogen und ein Gummiband hineingeklebt. Dann wird der Streifen in der Rolle so festgeklebt, dass er hinten noch etwas übersteht. Abschließend reißen die Kinder buntes Transparentpapier in Streifen und kleben es dem Drachen als Schuppen und Drachenschwanz an.

... und so fliegt der Drache

Der Drache wird so über den langen Stock geschoben, dass das Gummiband vorne über dem Stockende klemmt. Wenn der Drache nun lang über den Stock nach hinten gezogen wird, spannt sich das Gummiband. Wird der Drache nun losgelassen, fliegt er los!

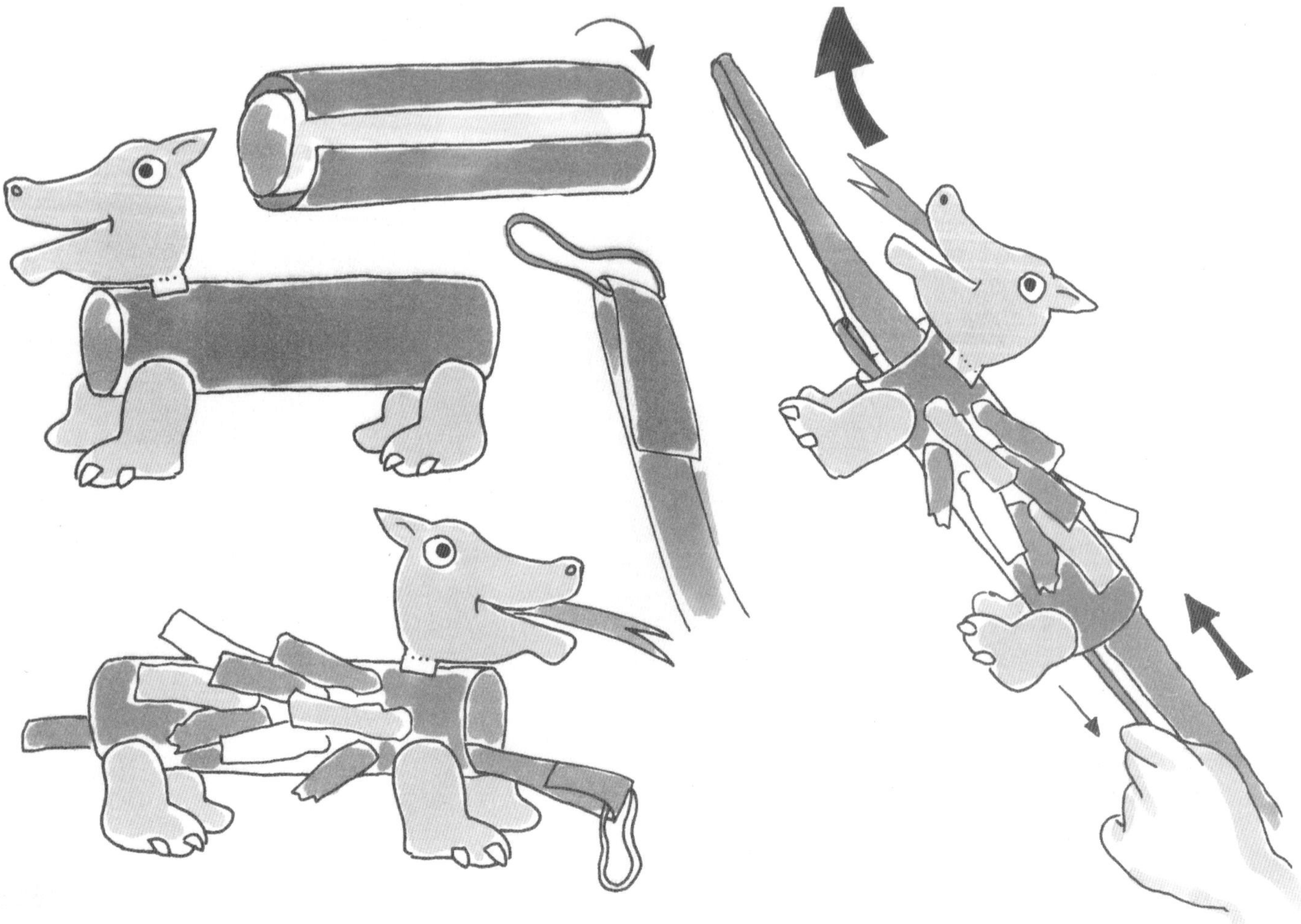

Schaukelbilder

Eine sportlich künstlerische Aktivität für Jungen.

Vorbereitung: Unter der Schaukel die Papierbahn auslegen und an den Ecken z. B. jeweils mit einem Stein beschweren. Daneben die mit Farbe gefüllten Gefäße aufstellen.

Das Kind legt sich bäuchlings auf die Schaukel und taucht seinen Pinsel in eine Farbe. Ein Helferkind oder die pädagogische Fachkraft setzt die Schaukel in Bewegung und das Kind malt schaukelnd das Bild. Möchte es eine andere Farbe haben, bittet es das Helferkind um Hilfe, das dann die Pinsel austauscht.

Alter: ab 3 Jahren
Material: Schaukel, große Papierbahnen/ Tapetenbahnen, dicke Pinsel, Abtönfarbe in großen Blumentopf-untersetzern, große Steine zum Beschweren

Schleuderbilder

Eine wirbelnde, ästhetische Aktion für Jungen.

Vorbereitung: Die Fingerfarben werden in kleinen Behältern mit Wasser verdünnt.

Das Sieb der Salatschleuder herausnehmen, umgedreht auf das Papier stellen, mit dem Bleistift eng umkreisen und den Kreis ausschneiden. Den Siebeinsatz zurück stellen, ein Blatt Haushaltsrolle hinein legen und anschließend den weißen Papierkreis darauf legen. Die Kinder tropfen mit dem Teelöffel nun etwas Fingerfarbe auf das Papier, schließen nun den Deckel der Salatschleuder und drehen so kräftig sie können. Öffnen sie den Deckel, können sie ihr Kunstwerk bestaunen!

Alter: ab 4 Jahren
Material: Fingerfarben, Salatschleuder, Behälter, Wasser, weißes Papier, Schere, Haushaltsrolle, Teelöffel, Bleistift

Das Daumenkino

Eine Aktion für Jungen, bei der Feinmotorik und Ausdauer durch ein tolles Ergebnis belohnt wird.

Vorbereitung: Jeweils 15 Papierblätter pro Buch/Kind fest an einer Seite verleimen.

Jedes Kind bekommt ein vorbereitetes Buch. Es zeichnet mithilfe der pädagogischen Fachkraft eine sich bewegende Figur oder einen Gegenstand, die bzw. der sich von Bild zu Bild nur minimal verändert. Das kann z. B. ein Gesicht, was die Zunge herausstreckt oder ein Ball der fliegt, sein.
Tipp: Die Kinder können zwischendurch immer wieder überprüfen, ob der Effekt des Daumenkinos klappt, indem sie mit einer Hand das Büchlein festhalten und mit dem Daumen der anderen Hand die einzelnen Blätter mit hoher Geschwindigkeit durchlaufen lassen. (Schneller, als das Auge die einzelnen Zeichnungen erfassen kann). Bewegt sich die Figur oder der Gegenstand tatsächlich?

Alter: ab 5 Jahren
Material: mind. 15 Papierblätter (5 x 3 cm), Stifte, Tacker, Leim

Wasserspritzkunst

Actionkunst, bei der Jungen sich gestalterisch betätigen.

Alter: ab 3 Jahren
Material: Klebeband, große Papierbögen, Wasserspritzen (oder Sprühflaschen, Spritzkannen), flüssige Farbe, Schüsseln für die Farben, evtl. Trichter, Schöpfkelle

Vorbereitung: Jede Farbe jeweils in eine Schüssel füllen. Die Papierbögen auf dem Boden mit Klebeband befestigen.

Die Kinder füllen die Farbe in die Wasserspritzen und gestalten so ihre „spritzigen" Kunstwerke.
   Tipp: Wird das Papier an eine Wand geklebt (die auch farbig werden darf), so kommt der gestalterische Effekt hinzu, dass die Farben herunterlaufen können.

Mein Zimmer

Eine Bastelaktivität für Mädchen, bei der es um das Umsetzen räumlicher Erinnerungen geht.

Alter: ab 4 Jahren
Material: Schuhkarton, kleine Pappschachteln, Styroporreste, Knete, Stoffreste, Farbe, Kleber, Stifte

Die Kinder bauen in ihrem Schuhkarton ihr Zimmer nach. So bauen sie beispielsweise ein Bett aus einer Pappschachtel mit einer Decke aus einem Stoffrest. Sie malen Fenster und Tür in den Karton und schneiden sie (evtl. mit Hilfe) aus. Mit Stiften und Farbe können sie ihre Tapete nachmalen und die Bilder, die an der Wand hängen. Mit Knete können sie ihre Spielsachen formen und evtl. auch den Bruder oder die Schwester, die das Zimmer mit ihnen teilt.

Bunte Glitzerbausteine

Mädchen werken und gestalten ihr Baumaterial.

Alter: ab 4 Jahren
Material: Vierkanthölzer (aus dem Baumarkt), Schmirgelpapier, Säge, Farbe, Pinsel, Wasser, Glitzer zum Verzieren

Aus den Vierkanthölzern sägen die Kinder verschieden große Bauklötze zurecht. Die Klötze schmirgeln sie sorgfältig ab, bis sie sich rundherum glatt anfühlen.
   Nun können die Kinder die Bauklötze je nach Vorlieben und geplanten Bauvorhaben bemalen und ggf. mit Glitzer verzieren.

Rhythmusspiele

Idee: Spiele zur Förderung der Rhythmusfähigkeit für alle die Kinder vorzustellen, die in ihrem Alltag wenig mit Hüpf- oder Handklatschspielen zu tun haben.

„Teddybär, Teddybär, dreh dich um,
Teddybär, Teddybär, mach dich krumm ..."

In der Regel sind es Mädchen, die alleine, zu zweit oder auch in kleinen Gruppen Gummitwist spielen, Seilspringen, Handklatschspiele oder Hüpfspiele wie „Himmel und Hölle" immer und immer wieder wiederholen. All diese Spiele fördern das Rhythmusgefühl und durch die dazugehörigen Verse, auch das Sprachvermögen. Jungen haben kaum solche traditionellen Spiele, die sie selbstverständlich spielen. Sie benötigen Angebote, die Rhythmik und Stimme attraktiv machen.

Abzählreime

Auch die Jungen müssen für Bewegungsspiele oftmals Kinder für die Mannschaften auswählen. Diese Tatsache kann zur Förderung der Rhythmusfähigkeit durch Abzählreime genutzt werden.

Alter: ab 3 Jahren

Ene, mene, miste
Es rappelt in der Kiste
Ene, mene, Mann
Und du bist dran

> Eine kleine Haselmaus
> zog sich mal die Hosen aus,
> zog sie wieder an
> und du bist dran.

> Mein Finger geht im Kreise
> auf eine kurze Reise.
> Und bleibt mein Finger stehen,
> darfst du gehen.

Froschhüpfen

Ein ganzkörperliches Bewegungsspiel für Jungen zur Förderung des Rhythmusgefühls.

Alter: ab 3 Jahren
Material: 1 Reifen für jedes Kind

Vorbereitung: Die Reifen werden eng in einen Kreis auf den Boden gelegt.

In jedem Reifen hockt ein Kind als Frosch. Alle gucken dabei in die rechte Kreisrichtung. Die Spielleitung gibt folgenden Rhythmus vor: „1, 2, 3 und hüpf." Schnell hüpft jeder Frosch in den nächsten Reifen. Haben sich die Kinder an das zunächst langsame Tempo gewöhnt, kann dieses immer mehr gesteigert werden.

Balltanz

Ein Rhythmusspiel für Jungen mit Bällen.

Alter: ab 5 Jahren
Material: Bälle, die sich gut prellen lassen, evtl. Musik

Die Kinder gehen zu zweit zusammen und bekommen gemeinsam einen Ball. Ein Kind prellt den Ball – mal langsam, mal schnell, mal hoch, mal flach – und das andere Kind springt im selben Rhythmus dazu. Auf ein Zeichen der Spielleitung tauschen beide die Rollen.

   Tipp: Bei geübten Kindern kann dieses Spiel mit Musik unterlegt werden, so dass es verstärkt einen tänzerischen Charakter bekommt.

Rhythmus weitergeben

Ein lautes Rhythmusspiel für geübte Rhythmikerinnen, bei dem jede einmal die selbstbewusste Chefin ist.

Jedes Kind hält seinen Stock in der Hand. Ein Kind fängt an. Es gibt einen Rhythmus vor und klopft ihn laut mit dem Stab auf den Boden. Nach und nach steigen die anderen mit ein und übernehmen den Rhythmus.

Variation: Die Kinder verbinden das Klopfen mit stimmlichen Äußerungen, z. B. pah, pah, puh, puh …

Hinweis: Die ersten Rhythmen sollten zur Orientierung von der Spielleitung vorgegeben werden, weil die Kinder sich oft zu schwere Rhythmen ausdenken. Und hier gilt: Je einfacher, desto besser funktioniert das Spiel.

Alter: ab 4 Jahren
Material: pro Kind 1 Gymnastikstab oder großer Stock

„Mi-lan, Fried-rich, Mo-ritz"

Ein Rhythmus, bei dem jeder Junge mit muss.

Die Kinder sitzen (im Schneidersitz oder auf einem Stuhl) im Kreis. Die Spielleitung gibt auf vier Zählzeiten folgenden Rhythmus mit einem festen Bewegungsablauf vor:

Alter: ab 5 Jahren

1	Klatsch auf die Beine
2	Klatsch in die Hände
3	Rechte Faust nach oben strecken
4	Linke Faust nach oben strecken

Der Rhythmus wird mit langsamer Geschwindigkeit geübt, bis ihn alle Kinder können. Nun kommen erschwerend die Namen der Kinder rhythmisch gesprochen dazu, und zwar auf den Zählzeiten 3 und 4. Also:

1	Klatsch auf die Beine	
2	Klatsch in die Hände	
3	Rechte Faust nach oben strecken	„Mi"
4	Linke Faust nach oben strecken	„lan"

Zu jedem Namen werden immer zwei Durchgänge gemacht. Dann kommt der Name des Nachbarkindes dran usw. Der Rhythmus mit den Bewegungen wird permanent beibehalten. Mehrsilbige Namen müssen auch auf zwei Zählzeiten verteilt werden, wie z. B. Christo – pher.

Vereinfachte Variante: Es wird nur der Name der Kinder rhythmisch geklatscht und alle wiederholen das im Chor.

Bewegungsspiele

Idee: Über Spielangebote zurückhaltende Kinder anzuregen, sich raumgreifend zu betätigen, sowie Kindern, die sich vornehmlich raumgreifend bewegen, motivierende Ideen für standgebundene Spiele vorzustellen.

„Jungen haben grundsätzlich einen größeren Bewegungsdrang als Mädchen!" – Das ist das am meisten genannte Klischee, wenn es um die Beschreibung der Unterschiede von Jungen und Mädchen geht. (▶ vgl. Rohrmann 2012, S. 24)

Alle Kinder haben einen großen Bewegungsdrang und in der Regel Freude an der Bewegung. Betritt eine Kindergartengruppe eine Turnhalle, so laufen und rennen die Kinder in die Halle und suchen weitere Bewegungsgelegenheiten. Nur Kinder, die sich nicht wohlfühlen, verhalten sich wie Erwachsene und setzen sich erstmal auf die Bank, wenn sie in die Turnhalle gehen.

Die Jungen nehmen bei ihren Bewegungsspielen meist viel Raum ein, wie etwa beim Fußballspielen oder gegenseitigen Fangen. Die Mädchen spielen oft standgebundene Spiele, z. B. Gummitwist. Während es mittlerweile kein seltenes Bild mehr ist, dass Mädchen sich über das Außengelände jagen oder Fußball spielen, so sind Gummitwist spielende oder seilspringende Jungen so gut wie nie zu sehen. Aber auch Jungen sollten motiviert werden, ihr Bewegungsrepertoire um standgebundene Spiele zu erweitern, um ihre Koordinationsfähigkeit zu schulen.

„Vorsicht, Lisa!" und „Na los, Tom!" – Mädchen wird körperlich motorisch oftmals weniger zugetraut als Jungen und Jungen werden oftmals motiviert, sich zu überschätzen. (▶ vgl. Gottschalk 2013, S. 90)

Der einzige Grund dafür sind die verinnerlichten gesellschaftlichen Rollenbilder. Ob ein Kind schneller laufen, höher klettern oder weiter springen kann als ein anderes, hat nichts mit dem Geschlecht zu tun. Aber diese geschlechtsspezifischen Reaktionsweisen der Erwachsenen hinterlassen Spuren: So denkt Tom, dass er es selbstverständlich schafft, von dem hohen Kasten auf die Matte zu springen, während Lisa im Glauben lebt, sie könne sich bei einem Sprung leicht verletzen.

Als pädagogische Fachkräfte sollten wir uns unsrer Klischees bewusst sein und jedes Kind der Herausforderung entsprechend bestärken und allen Kindern Grenzerfahrungen zumuten bzw. zutrauen.

„Jungen raufen immer nur, das stört!" Toben und Raufen sind genauso wichtige Körpererfahrungen wie Massagen oder Turnen – und zwar für Jungen wie für Mädchen. Beim Toben und Raufen können die Kinder spielerisch ihre Kräfte messen, lernen sich durchzusetzen und Grenzerfahrungen zu machen.

Ich schieb dich weg!

Ein Spiel, das Mädchen motiviert, sich raumgreifend zu bewegen.

Vorbereitung: 2 Linien mit 1 m Abstand mit Kreppband auf dem Boden markieren.

Zwei Kinder stehen Rücken an Rücken genau zwischen den beiden Linien. Auf das Startzeichen der Spielleitung versuchen sich die Kinder gegenseitig wegzuschieben. Welches Kind schafft es, das andere über die Linie zu schieben? Geht das beim nächsten Mal schneller?

Alter: ab 5 Jahren
Material: Kreppband

Peng!

Ein Spiel, bei dem die Mädchen es mal „so richtig laut krachen" lassen.

Die Luftballons werden auf die Matte gelegt. Nacheinander dürfen die Kinder von der Matte auf einen Ballon springen, um ihn zum Platzen zu bringen.

Alter: ab 5 Jahren
Material: großer Kasten,
Weichbodenmatte,
Luftballons

Gemeinsam aufstehen

Ein standgebundenes Spiel, bei dem die Jungen sensibel kooperieren müssen.

Zwei Kinder sitzen Rücken an Rücken und verschränken ihre Arme miteinander. Gelingt es ihnen, ohne die Arme zu lösen, gemeinsam in den Stand zu kommen?

Alter: ab 5 Jahren

Mattenrutschen

Ein kooperatives Bewegungsspiel, bei dem die Mädchen stark und kräftig aus sich heraus kommen können.

Alter: ab 3 Jahren
Ort: geräumige Halle
Material: glatter Fußboden,
1 Weichbodenmatte

Die Kinder stellen sich an eine Seite der Halle. Die Matte liegt mit der glatten (rutschigen) Seite am Boden mit etwas Abstand vor ihnen. Nacheinander nimmt jedes Kind Anlauf und wirft sich auf die Matte, so dass sie ein Stück nach vorne rutscht. Schnell steht das Kind auf, klettert von der Matte und stellt sich wieder zu den anderen Kindern. Es wird so lange gesprungen, bis die Matte das Hallenende erreicht hat.

Variationen: Jeweils zwei Kinder springen gemeinsam. Die Kinder schreien laut, wenn sie Anlauf nehmen und sich auf die Matte werfen.

Für Kinder ab 5 Jahren: Es werden zwei Matten nebeneinander gelegt und die Kinder in zwei Gruppen aufgeteilt. Vor jede Matte stellt sich eine Gruppe. Auf ein Startzeichen geht es los und jede Gruppe versucht, ihre Matte so schnell wie möglich hinter die Ziellinie zu rutschen.

Hinweis: Achten Sie unbedingt darauf, dass die Kinder immer erst dann zur Matte laufen, wenn die Matte wieder frei ist.

Peng – da fliegt die Matte um

Gemeinsam sind wir stark.

Alter: ab 4 Jahren
Ort: geräumige Halle
Material:
Weichbodenmatte

Zwei Erwachsene stellen die Matte hochkant auf eine Seite und halten sie fest. Alle Kinder stehen vor der Matte, dahinter der Platz ist frei! Bis zu vier Kinder treten vor und stellen sich eng an eine Mattenseite. Auf ein Zeichen der Spielleitung lassen sie sich mit aller Wucht gegen die Matte fallen, so dass diese mit einem lauten Knall auf den Boden kracht. Die Kinder krabbeln von der Matte und versammeln sich wieder bei den anderen an einer Seite. Gemeinsam wird die Matte wieder aufgestellt und schon kann die nächste Runde beginnen.

Hinweis: Achten Sie unbedingt darauf, dass sich kein Kind hinter der Matte befindet. Warnen Sie die Kinder vor, dass die Matte mit einem sehr lauten Knall aufprallen wird, denn einige Kinder erschrecken sich dabei.

Ich mach dich nass!

Spiel für Mädchen, bei dem es um Durchsetzungskraft und Kräfte messen geht.

Alter: ab 4 Jahren
Material: Reifen

Jeweils zwei Kinder stehen sich gegenüber und reichen sich eine Hand. Zwischen ihnen liegt ein Reifen (Pfütze). Auf das Kommando der Spielleitung, versucht ein Kind das andere in den Reifen zu ziehen. Hat es ein Kind geschafft und das andere „nasse Füße", geht das Spiel von vorne los.

Zeitungsfechten

Erst wird gebastelt, dann geht es los.

Die Kinder rollen ein großes Zeitungsblatt und umwickeln es mit Klebeband, so dass ein stabiles Schwert entsteht. Jeweils zwei Kinder fechten: Nur die Schwerter dürfen gegeneinander geschlagen werden! Immer, wenn es gelingt, mit dem Schwert ein Körperteil des Gegenübers zu berühren, gibt es einen Punkt. Gelingt es, dem Gegenüber das Schwert wegzuschlagen, ist die Runde gewonnen! Sie dürfen nur die Zeitungen berühren und keinen Körperkontakt zu ihrem Gegenüber haben.

Alter: ab 3 Jahren
Material: Zeitungen, Kreppband

Achtung, Riesenschlange!

Seilspringen für Jungen.

Die Spielleitung steht in der Mitte und hält das Seil an einem Ende fest. Sie dreht sich im Kreis und lässt das Seil – die Riesenschlange – dabei knapp über dem Fußboden kreisen, ohne dass es den Boden berührt. Die Kinder dürfen nun über das sich drehende Seil springen. Gelingt es den Kindern, nicht von der Schlange erwischt zu werden?
   Variationen: Das Seil dreht sich in Kniehöhe. Das Seil dreht sich mal schnell und mal langsam.

Alter: ab 4 Jahren
Material: langes Seil

Hasenjagd

Ein raumgreifendes Spiel für Mädchen, welches das Durchsetzungsvermögen fördert.

Die Hasen versammeln sich auf einer Seite des Raumes. In der Mitte warten die Jägerinnen auf allen Vieren. Auf Kommando laufen die Hasen los mit dem Ziel, an die gegenüberliegende Raumseite zu gelangen. Die Jägerinnen versuchen die Hasen daran zu hindern.

Alter: ab 4 Jahren

Schatzsuche

Ein Geländespiel für Mädchen zur räumlichen Orientierung.

Die Spielleitung und eine Gruppe Kinder verstecken einen Schatz auf dem Außengelände. Sie malen dazu eine Schatzkarte. Dann suchen die übrigen Kinder anhand der Schatzkarte den Schatz.

Alter: ab 4 Jahren
Material: Schatz, Schatzkarte

Kissen- und Kuscheltierschlacht

Ein wildes Spiel für Mädchen, bei dem sie schnell reagieren müssen.

Alter: ab 3 Jahren
Material: viele Kissen, Kuscheltiere, Musik, Kreppband, Uhr

Vorbereitung: Mit Kreppband zwei gleichgroße Felder markieren und jeweils gleich viele Kissen und Kuscheltiere darauf verteilen.

Die Kinder bilden zwei Teams und begeben sich jeweils auf ein Feld. Die Spielleitung macht Musik an und das ist das Startzeichen: Alle Kinder werfen die Kissen und Tiere auf das Nachbarfeld. Ziel ist dabei, das eigene Feld komplett zu räumen. Nach zwei Minuten wird die Musik ausgemacht. Gewonnen hat das Team, auf dessen Spielfeld weniger Kissen und Tiere sind. Die Spielleitung verteilt die Wurfgeschosse neu und das Spiel beginnt von vorne.

Rodeo

Ein standgebundenes Spiel für Jungen, bei dem koordinative Fähigkeiten gefragt sind.

Alter: ab 3 Jahren
Material: Weichbodenmatte, mehrere Medizinbälle

Vorbereitung: Die Medizinbälle unter die Weichbodenmatte legen.

Die Kinder versammeln sich um die Matte. Ein Kind darf auf die Mitte. Steht es sicher in der Mitte, darf es losgehen und die außen stehenden Kinder bewegen die Matte hin und her, das Kind in der Mitte muss dabei stehen bleiben und darf nicht hinfallen. Es darf aber bestimmen, ob die Kinder intensiv oder weniger intensiv an der Matte wackeln sollen. Nach ein paar Minuten darf ein anderes Kind auf die Matte.
    Variation: Zwei Kinder dürfen auf die Matte und halten sich dabei an den Händen.

„Lass mich mal vorbei!"

Ein kooperatives Spiel für Jungen.

Alter: ab 3 Jahren
Material: Bank

Jeweils zwei Kinder stehen an einer Seite auf der Bank. Nun versuchen sie auf die gegenüberliegende Seite zu laufen, ohne dass jemand runterfällt.
    Variation: Zwei bzw. drei Kinder laufen auf jeder Seite los.

Formen nachlaufen

Ein Spiel für Mädchen zur Förderung der räumlichen Orientierung.

Die Kinder versammeln sich um die Spielleitung. Diese malt eine Form auf ein Blatt Papier. Auf ein Zeichen hin laufen die Kinder diese Form im Raum nach.

Alter: ab 4 Jahren
Material: Papier, Stift

Den König vom Thron schupsen

Ein standgebundenes Spiel für Jungen, welches die kontrollierte Körperspannung anspricht.

Vorbereitung: Die umgedrehten Eimer als Thron jeweils an einem Ende des ausgelegten Seiles aufstellen.

Alter: ab 4 Jahren
Material: 2 Eimer, 1 Seil

Zwei Kinder stellen sich auf die Eimer. Jedes fasst an einem Seilende an. Auf ein Startzeichen hin, versucht ein Kind das andere Kind vom Podest zu ziehen.

„Zwei Schritte vor!"

Ein Spiel für Mädchen, bei dem Raumorientierung und Reaktionsfähigkeit gefragt sind.

Vorbereitung: Aus den Groß- und Kleingeräten eine Hindernisbahn aufbauen und den kleinen Schatz verstecken.

Alter: ab 5 Jahren
Material: Tisch, Stühle, Bälle, Matten, Reifen etc., 1 kleiner „Schatz", evtl. Tuch

Ein oder mehrere Kinder sind gleichzeitig oder nacheinander Schatzsucherinnen. Den Schatz entdecken sie nur, wenn sie die Anweisungen der Spielleitung genau befolgen, z. B „Lauft um die Matte herum!", „Geht zwei Schritte vor!" oder „Krabbelt unter dem Tisch hindurch!"

Tipp: Wenn die Spielleitung immer mal wieder den eigenen Standpunkt wechselt, ändern sich auch die Bedeutungen der Raumanweisungen. „Vor dem Tisch" wird beispielsweise zu „hinter dem Tisch".

Variante: Der Schatzsucherin werden die Augen verbunden. Ein anderes Kind oder die Spielleitung führt das Kind nach Anweisungen zum Schatz.

Entspannungsspiele

Idee: Spannungsgeladenen Kindern Angebote zu bieten, bei denen sie durch Aktivität zur Entspannung finden.

„Nun hör auf zu zappeln!" „Jetzt sitzt du aber mal still!" „Ihr sollt über den Flur gehen und nicht rennen!" – Jungen und Mädchen bewegen sich fast den ganzen Tag. Neben diesem starken Bewegungsdrang hat auch jedes Kind ein Bedürfnis, sich zu entspannen. Entspannung heißt im wortwörtlichen Sinne ent – spannen, d. h. die Spannung herausnehmen, also Anspannung lösen.

Insbesondere Jungen wirken oftmals in Gruppen sehr spannungsgeladen und finden oft den Punkt nicht, sich „herunterzufahren" und zur Ruhe zu kommen. Die klassischen Entspannungsangebote im Kindergarten werden in der Regel mehr von Mädchen wahrgenommen, denn Entspannung und Passivität passen gut ins weibliche, weniger gut ins männliche Rollenbild. Spannungsgeladenen Kindern würde es helfen, wenn sie Angebote bekämen, bei denen sie durch Aktivität zur Entspannung kommen. Entspannung muss nicht immer heißen, sich auf eine Matte zu legen, die Augen zu schließen, tief zu atmen und sich beruhigenden Vorstellungsbildern hinzugeben ...

Schlafwagen

Eine fahrende Aktion für Jungen, bei der sie zur Ruhe kommen können.

Vorbereitung: Die Matte wird auf die Rollbretter gelegt.

Die Kinder legen sich auf die Matte, den Schlafwagen. Die Spielleitung schiebt den Schlafwagen durch die Halle. Sobald ein Kind redet, stoppt der Wagen – erst bei Stille fährt der Wagen weiter durch die Nacht …

Alter: ab 3 Jahren
Material: Weichboden-matte, ca. 7 Rollbretter

Himmel in Bewegung

Ein aktives Bewegungsspiel für Jungen, bei dem sich einige von ihnen genussvoll zurücklehnen können.

Die Kinder fassen das Schwungtuch am Rand an. Bis zu drei Kinder dürfen sich darunter legen. Die Spielleitung gibt einen Schwungrhythmus vor und die Kinder lassen das Tuch auf und ab gleiten – ohne die liegenden Kinder zu berühren. Diese müssen gar nichts tun, sondern dürfen die Augen schließen und den Windhauch spüren.

Alter: ab 3 Jahren
Material: Schwungtuch (Betttuch, leichte Decke o. Ä.), evtl. Entspannungsmusik

    Hinweis: Manchmal geht es bei diesem Spiel anfangs sehr unruhig zu, weil die liegenden Kinder versuchen, das mittige Loch des Schwungtuchs mit dem Fuß oder einer Hand zu erwischen oder die das Tuch schwingenden Kinder noch keinen langsamen, gemeinsamen Rhythmus gefunden haben. Der Einsatz von Meditationsmusik kann dabei beruhigend wirken.

Luftmatratze

Ein aktives Atemspiel für Jungen.

Ein Kind ist die Luftmatratze und liegt entspannt auf einer Matte. Nun kommt Luft in die Matratze. Das Kind atmet tief ein, so dass sich der Brustkorb mit Luft füllt und Spannung in den Körper kommt. Anschließend „wird der Stöpsel gezogen" und die Luft entweicht langsam mit einem „pffffffff". Der Körper liegt wieder entspannt auf dem Boden. Dieses wird mehrmals wiederholt.

Alter: ab 3 Jahren
Material: Matten

    Hinweis: Sie sollten die Wahrnehmung immer wieder auf die Körpererfahrung lenken, z.B.:
› „Spüre, wie mit der Luft deine Brust immer weiter wird."
› „Spüre, wie die Luft deinen Bauch ganz groß macht."
› „Spüre, wie schlapp die Luftmatratze da liegt."

Kuscheltierschaukel

Ein aktives Atemspiel für Jungen.

Alter: ab 3 Jahren
Material: pro Kind ein
Kuscheltier und eine
Matte

Jedes Kind nimmt sich ein Kuscheltier und legt es sich auf den Bauch. Nun beginnt die beruhigende Kuscheltierschaukel:
  › „Atmet tief ein … beim Einatmen füllt sich der Bauch mit Luft und wird ganz dick
  › … und langsam wieder aus – beim Ausatmen strömt die Luft durch den Mund wieder heraus und der Bauch wird ganz flach."
So wird das Kuscheltier sanft in den Schlaf geschaukelt.

Wolkenbilder sehen

Ein Spiel für Jungen, um „Zwischendurch" auf dem Außengelände zur Ruhe zu kommen.

Alter: ab 3 Jahren
Ort: Wiese

Die Kinder liegen bei sommerlichen Temperaturen draußen im Gras auf dem Rücken. Sie schauen sich die Wolken am Himmel an und denken oder berichten, welche Figuren sie erkennen. Manche Wolken sehen aus wie ein Monster, wie ein Hund, wie ein langgezogenes Auto usw.

Rück(en)reise mit dem Auto

Eine Rückenmassage für Jungen mit Spielzeugautos.

Alter: ab 4 Jahren
Material: Matten,
2 Spielzeugautos
pro Kind

Vorbereitung: Die Matten im gut beheizten Raum verteilen und jeweils zwei Spielzeugautos danebenstellen.

Die Kinder gehen zu zweit zusammen. Ein Kind legt sich auf den Bauch. Das andere kniet sich daneben und „massiert", indem es die Autos zur folgenden Geschichte über den Rücken fahren lässt.

Automassage – Geschichte: „Wir fahren in den Urlaub"

Endlich ist es soweit: Wir fahren in den Urlaub. Die Sonne scheint und wärmt die Straße.
> Die Kinder, die massieren, reiben ihre Hände aneinander, so dass diese warm werden. Dann streichen sie mit warmen Händen über den gesamten Rücken des Kindes, das massiert wird.

Unser Auto ist gepackt und startklar für die Reise.
> Ein Spielzeugauto auf den Rücken des Kindes stellen.

Das Auto kann nur langsam fahren, denn es ist voll beladen mit schweren Koffern und die Straße ist holprig. Wir fahren geradeaus.
> Mit dem Auto langsam entlang der Wirbelsäule über den Rücken fahren.

Wir fahren viele Kurven ...
> Das Auto fährt nach links und nach rechts.

... und manchmal fahren wir sogar im Kreis.
> Das Auto fährt große und kleine Kreise.

Dann fahren wir auf die Autobahn. Dort können wir ganz schnell fahren.
> Das Auto fährt schnell den Rücken hoch und runter.

Aber was ist nun los? Das Auto bleibt stehen und kann nicht weiterfahren. Oh nein! Das Benzin ist alle.
> Das Auto bleibt stehen.

Wir müssen Benzin holen! Also, aussteigen, den Benzinkanister mitnehmen und eine Tankstelle suchen.
> Das Auto verweilt auf dem Rücken. (Wenn es herunterfällt, bleibt es auf der Matte liegen.) Mit dem Zeigefinger und Mittelfinger werden Laufbewegungen auf dem Rücken gemacht.

Wo ist die Tankstelle nur? Wir laufen hin und laufen her.
> Die Finger tippeln mit kleinen Kurven über den gesamten Rücken.

Ah! Da ist sie ja endlich! Vor Freude springen wir auf und ab und hüpfen die letzten Meter zur Tankstelle.
> Die Finger hüpfen über den Rücken.

Nun bekommen wir Benzin und laufen mit dem vollen, schweren Kanister zurück zum Auto.
> Die Finger geben „beim Laufen" mehr Druck in den Rücken.

Endlich sind wir wieder beim Auto. Wir füllen das Benzin in den Tank.
> (Ggf. das heruntergefallene Auto wieder auf den Rücken legen.) Mit schnalzenden Geräuschen das Ausgießen des Kanisters andeuten.

Die Fahrt kann weitergehen. Wir steigen wieder ein, der Motor springt an und wir reihen uns wieder ein.
> Auch das zweite Auto dazu nehmen und mit beiden Autos schnell, kreuz und quer über den Rücken fahren.

Angekommen!
> Die Autos halten an und werden vom Rücken genommen.

Und noch bevor es dunkel wird, kehren wir noch einmal die Straße, auf der unsere Autos gefahren sind.
> Mit beiden Händen über den Rücken streichen.

Erwisch den Dieb!

„Sich konzentrieren" bedeutet auch zur Ruhe kommen. Ein Konzentrationsspiel für Jungen.

Alter: ab 4 Jahren
Material: Klingelball/ Glocke, Tuch zum Verbinden der Augen

Alle Kinder sitzen im Kreis. Ein Kind sitzt als Wächter mit verbundenen Augen in der Mitte, vor ihm liegt ein Klingelball, der wertvolle Schatz. Ein Kind aus dem Kreis schleicht als Diebln los, um den Schatz zu klauen. Hört das Wächterkind in der Mitte etwas, so muss es in die Richtung zeigen, aus der das vermeintliche Diebesgeräusch kommt. Zeigt es dabei:

> › richtig auf den Dieb, muss dieses Kind als Wächter in die Mitte.
> › falsch, schleicht das Kind unentdeckt weiter, bis es die Glocke hat und damit läutet.

Das Schleichgespenst

Ein Spiel für ältere Kindergartenjungen, bei dem Konzentration gefragt ist.

Alter: ab 5 Jahren
Material: Tücher zum Verbinden der Augen

Die Spielleitung verbindet jedem Kind die Augen und sie bleiben ruhig an ihrem Platz stehen und horchen. Die Spielleitung ist das Schleichgespenst, das leise durch den Raum schleicht – aber irgendwann einfach stehenbleibt. Die Kinder sollen nun horchen, ab wann das Gespenst sich nicht mehr bewegt.

Kann ein Kind das Schleichgespenst nicht hören, setzt es sich auf den Boden.

Wenn die Spielleitung steht, wartet sie einen kleinen Moment und sagt dann laut für alle: „Schleichgespenst steht!" Die Kinder wissen nun, ob sie richtig gehört haben.

Sagt das Schleichgespenst: „Schleichgespenst schleicht wieder", beginnt die nächste Horchrunde.

„Schlaf schön!" pusten die Luftgeister

Ein Konzentrationsspiel für Jungen.

Alter: ab 3 Jahren
Material: Luftpumpe

Ein Kind sitzt im Schneidersitz in der Kreismitte. Ein paar Kinder haben eine Luftpumpe. Sie dürfen sich anschleichen und dem Kind vorsichtig einmal Luft zupusten. Dann schleichen sie wieder zurück auf ihren Platz.

Naturwissenschaftliche und technische Angebote

Idee: Naturwissenschaftliche und technische Phänomene für die Kinder interessant werden zu lassen.

„Mathe, Physik und Technik sind nicht so mein Fall", das behaupten viele Erzieherinnen von sich. Sie haben schon während ihrer Schulzeit das Interesse an diesen männlich besetzten Fächern verloren und sind fest davon überzeugt, dass diese Bereiche nicht zu ihren Stärken gehören. Demzufolge halten sie sich auch beruflich dahingehend zurück und machen den Kindern wenig oder keine naturwissenschaftlichen oder technischen Angebote. Dabei sind alle Jungen und Mädchen kleine Forscher und Forscherinnen! Sie haben ein Interesse an naturwissenschaftlichen und technischen Zusammenhängen.

Erzieherinnen sollten mögliche Hemmschwellen überwinden und sich gemeinsam mit den Kindern auf Forschungsreise begeben. Wie kann man am besten wippen? Warum elektrisieren Haare? Es gibt zahlreiche Forschungsfragen, die uns im Alltag begegnen.

Das Kartoffelmonster

Eine Aktion für Jungen, bei der sie sich mit den Eigenheiten der Keimung auseinandersetzen können.

Alter: ab 3 Jahren
Material: Kartoffeln, Papiertüten, wasserfester Stift

Die Kinder packen ihre Kartoffeln in eine oder mehrere Papiertüten und lassen sie für einige Zeit an einem warmen Ort liegen. Nach ein paar Tagen öffnen sie die Tüte und schauen sich die Kartoffeln an. Vielleicht malen sie den Kartoffelmonstern mit dem Stift Augen, Nase und Mund an.

Der verrückte Friseur

„Styling" für Jungen, bei dem sie Erfahrungen mit elektrischer Aufladung machen können.

Alter: ab 3 Jahren
Material: Luftballons, Spiegel, ggf. Fotoapparat

Die Kinder bekommen einen aufgepusteten Ballon. Nun reiben sie den Ballon an den Haaren und halten ihn hoch. Eine fetzige Frisur entsteht. Was passiert, wenn die Kinder den Ballon an einem Wollpullover oder Wollschal reiben und ihn dann an die Haare und in die Höhe halten.
   Erklärung: Durch die Reibung wurde der Ballon mir statischer Elektrizität aufgeladen. Die Haare sind elektrisiert.
   Tipp: Zu Dokumentationszwecken können Sie lustige Fotos der verrückten Frisuren machen.

Fallschirmspringer

Eine feinmotorische Aktion für Jungen, bei der sie sich mit dem Luftwiderstand auseinandersetzen können.

Alter: ab 4 Jahren
Material: dünne Plastiktüten (z. B. für Obst und Gemüse), Paketband, Pfeifenputzer, Strohhalm (ca. 3 cm lang), Klebstoff

Zuerst basteln die Kinder den „Springer", indem sie um ein Strohhalmstück drei Stücke Pfeifenputzer so wickeln, dass Kopf, Arme und Beine entstehen. An den „Kopf" knoten sie etwas Paketband. An jeden Henkel der Plastiktüte knoten sie ebenfalls Paketband und befestigen in der Mitte davon den „Springer".

Experimente mit dem Fallschirm:
› Ein Kind stellt sich auf einen Stuhl, Tisch, Klettergerüst und beobachtet, was passiert, wenn es den Fallschirm fallen lässt.
› Die Kinder lassen im Wechsel einmal nur die Tüte und einmal mit „Männchen" dran fallen und beobachten, ob sich an der Flugweise etwas verändert (ohne fällt die Tüte in sich zusammen und mit Figur füllt sie sich mit Luft und fällt stabiler).

> Die Kinder knoten mit einem Bindfaden mehrere Figuren an den Fallschirm.
  Mit wie vielen Fallschirmspringern fliegt er am besten?
Erklärung: Die Luft bremst den Fall von leichten Dingen.

Nussschalen-Regatta

Eine feinmotorische Bastel- und Spieleaktivität für Jungen, bei der sie sich mit dem Phänomen Windkraft auseinandersetzen können.

Die Kinder bauen aus den Walnussschalen kleine Segelschiffe. Dafür spießen sie ein Stück (farbiges) Papier als Segel auf den Zahnstocher und befestigen es mit etwas Knete in der Nussschale. Eventuell mit etwas Kleber fixieren!

Nun können die Schiffchen in der Wanne zu Wasser gelassen werden und die Kinder können mit Wind oder Pusten experimentieren.

Wie muss ich pusten?

Woher muss der Wind kommen, damit sich mein Segelschiff vorwärts bewegt?

Wann bewegt es sich schnell? Wann langsam?

Wann kippt es?

Alter: ab 3 Jahren
Material: Walnuss-schalenhälften, Knete, Hölzchen (Zahnstocher o. Ä.), evtl. Kleber, Papier, Wanne mit Wasser

Wippen

Eine Forscherinnenaktion für Mädchen, bei der sie sich mit dem Wippen befassen.

Alter: ab 3 Jahren
Material: Wippe und mehrere Kinder

Kinder wippen auf dem Spielplatz. Dort experimentieren sie: Wann funktioniert das Wippen am besten? (Wenn beide Kinder ungefähr dasselbe Gewicht haben) Wie ist es, wenn auf der einen Seite ein Kind ist und auf der anderen zwei? (Die Wippe funktioniert nicht, wenn eine Seite schwerer ist.) Wie muss das Gewicht verteilt werden, damit man trotzdem wippen kann? (Das Kind oder die Kinder, die schwerer sind, müssen weiter zur Mitte rücken oder die leichteren weiter nach außen.)

Die Bauklotzwippe

Die Mädchen experimentieren in der Bauecke weiter.

Alter: ab 3 Jahren
Material: Bauklötze, schmales Brett (ca. 25 cm lang)

Einen Bauklotz hochkant aufstellen und das Brett mittig darauf legen. Auf beiden Seiten werden zwei gleich schwere Bauklötze gelegt. Nun können die Kinder wie beim selber Wippen (s. o.) experimentieren. **Beispiele:**
 › Sie legen mehrere Bauklötze auf eine Seite.
 › Sie verteilen das Gewicht gleich.
 › Sie legen erst ein Gewicht auf die eine Seite und dann auf die andere Seite.
 › Sie legen das Brett nicht mittig auf den hochkant gestellten Bauklotz.
   Wie muss nun das Gewicht darauf verteilt werden?
 › Wie viele Bauklötze können auf jeder Seite gestapelt werden?

Hampelfrau bauen

Eine handwerkliche Aktion für Mädchen, bei der sie etwas Funktionales erstellen und sich mit der Bewegungstechnik der klassischen „Hampelmänner" auseinandersetzen können.

Alter: ab 5 Jahren
Material: Tonkarton, Schere, Musterbeutelklammern, Faden, Prickelnadel

Die Kinder malen (entsprechend der Vorlage auf der nächsten Seite) den Körper und einzeln die Arme und Beine der Hampelfrau auf ein Papier. Sie übertragen die Teile auf das Tonpapier und schneiden sie aus. Die Gelenkstellen fügen sie mit den Musterbeutelklammern zusammen. Die Arme und Beine werden jeweils oberhalb der Musterklammern mit kleinen Löchern versehen und jeweils mit einem kleinen Stück Faden verbunden. Diese beiden Querfäden werden dann mit einem langen, nach unten hängenden Zugfaden versehen.

Die Kinder lernen: Durch die Gelenke kann eine Figur beweglich werden. Das Heben und Senken von Armen und Beinen geschieht durch das Ziehen an bzw. Loslassen der Leine.

Die Zauberbrücke vom Sonnenscheintal

Eine Aktion für Mädchen, bei der sie Erfahrungen mit dem Konstruieren und Bauen machen können.

Den Kindern wird folgende Geschichte vorgelesen.

In einem fernen Land, da gab es ein Tal und dort schien den ganzen Tag die Sonne. Deshalb hieß es Sonnenscheintal. Die Kinder konnten, wenn sie wollten, den ganzen Tag ins Freibad gehen und in kurzen Hosen über den Rasen hüpfen.
Außerdem war es immer genau das richtige Wetter für ein Eis. Neben diesem Tal, lag ein anderes Tal. Es hieß Regental, denn von morgens bis abends regnete es und regnete es und regnete es. Der Himmel war fast immer dunkel und grau.
Die Kinder aus dem Regental mussten gute Regenkleidung haben oder drinnen spielen. Viele fanden das auf Dauer langweilig und trostlos. Sie wollten ins Sonnenscheintal. Wenigstens für ein paar Stunden. Sie wollten ins Freibad und die Sonne sehen. Sie wollten Licht und Wärme und ein Eis essen.
Aber wie können sie dahinkommen? Zwischen den Tälern ist ein großer Fluss ... Genau! Eine Brücke muss her!

Also Kinder, legt los, denn ihr könnt helfen, wenn es euch gelingt eine stabile Brücke zu konstruieren und zu bauen. Was braucht ihr dafür?

Ist die Brücke fertig, geht's erst richtig los:

> › Die Brücke wird getestet: Kann sie umgepustet werden?
> › Kann eine Spielfigur darauf stehen?
> › Die Kinder spielen im Rollenspiel: Was machen die Kinder des Regentals
>   (ins Freibad gehen, Eis essen, Fahrrad fahren ...) und die des Sonnentals
>   (sich nass regnen lassen, Pfützen springen ...).

Tipp: Zu den Rollenspielen können von den Kindern weitere Sachen konstruiert und gebaut werden, z.B. das Freibad aus dem Sonnental.

Magnetlabyrinth

Eine feinmotorische Aktion für Jungen, bei der sie sich mit dem Phänomen des Magnetismus auseinandersetzen können.

Das Kind malt mit dem Stift ein Labyrinth mit Start und Ziel auf die Pappe. Nun legt es die Kugel auf den Startpunkt. Ziel ist es mithilfe des Magneten auf der Unterseite der Pappe, die Kugel zum Ziel zu bewegen.

Alter: ab 4 Jahren
Material: Metallkugel (Büroklammer), Magnet, quadratisches Stück Pappe, Stift

Overhead-Projektor-Kunst

Eine kreative Kunstaktion für Mädchen, bei der Erfahrungen mit Projektionen gemacht werden können.

Der Overhead-Projektor wird angeschaltet. Die Kinder experimentieren mit den Materialien auf dem Projektor. Wie sieht welches Material aus? Wie wirken sie zusammen? Wie muss der Spiegel optimal ausgerichtet sein? Jeweils zwei Kinder entwickeln und basteln ein Overhead-Projektor-Kunstwerk. Am Ende gibt es eine Präsentation.

Alter: ab 4 Jahren
Material: Overhead-Projektor, Folien und -schreiber, Scheren, farbiges Seiden- und Transparentpapier, Federn, Wollfäden

Der verflixte Parcours

Ein Wahrnehmungsspiel für Mädchen, bei dem räumliche Orientierung gefragt ist und sie das Prinzip von Spiegeln erfahren.

Vorbereitung: Auf dem Boden mit Klebeband einen Parcours aufkleben.

Das Kind bekommt einen Spiegel und stellt sich mit dem Rücken zum Anfang des Parcours auf. Es hat die Aufgabe rückwärts auf der Linie bis zum Ziel zu gehen. Es darf dabei nur in den Spiegel gucken.
   Variation: Der Parcours wird durch kleine Erhöhungen (z. B. Kissen) und kleine Hindernisse (Keulen, Bälle) erweitert, gegen die die Kinder nicht stoßen dürfen.
   Hinweis: Da sich die Kinder bei diesem Spiel sehr konzentrieren müssen, darf immer nur ein Kind auf dem Parcours sein.
   Impulsfrage zur Reflexion: Wie muss der Spiegel gehalten werden, damit er das zeigt, was du sehen willst? (Der Spiegel sollte am besten etwas über Höhe der Augen und leicht schräg nach unten gekippt sein.)

Alter: ab 4 Jahren
Material: kleine Spiegel (oder Spiegelkarton), Klebeband, evtl. Kissen, Keulen, Bälle etc.

Schattentheater

Eine kreative Aktion für Jungen, bei der sie sich mit Licht und Schatten auseinandersetzen können.

Alter: ab 3 Jahren
Material: weiße Wand
(oder großes, weißes
Bettlaken, Lichtquelle,
Tisch

Vorbereitung: Den Raum verdunkeln. Eine Lichtquelle auf den Tisch stellen, dahinter ist die weiße Wand.

Die Kinder sitzen zwischen Lichtquelle und weißer Wand: Sie stellen mit Händen und Fingern Figuren und Formen dar. Sie erraten gegenseitig, was dargestellt wird. Sie üben kleine Theaterstücke ein.

Die quietschlebendige Kugelbahn

Eine kooperative Aktion für Jungen, bei der es auf eine gute Auge-Hand-Koordination ankommt.

Alter: ab 3 Jahren
Material: lange und
halbierte Papprollen,
1 Kugel oder große
Murmel

Jedes Kind bekommt eine Papprolle. Die Kinder haben die Aufgabe, eine Kugel von einem Ort zu einem anderen zu transportieren, z.B. vom Gruppenraum zur Küche. Sie geben die Kugel von Papprolle zu Papprolle weiter – eine lebendige Kugelbahn! Wird die Kugel mit der Hand angefasst oder fällt sie auf den Boden, muss die Runde wieder neu begonnen werden.

Eine Kugelbahn für den Gruppenraum

Eine Aktion für Mädchen, bei der sie sich mit den Gesetzmäßigkeiten des Rollens auseinandersetzen können und ein bleibendes Produkt für alle konstruieren und bauen.

Alter: ab 4 Jahren
Material: verschiedene
Papprollen, Klebeband,
Bleistift, verschiedene
Papiere zum Verzieren,
Farbe, Pinsel, Wasser,
4 Nägel, Hammer,
große Pappe, kleine
Kugeln/Murmeln, Korb
oder Eimer

Die Kinder bemalen die Untergrundpappe und die Papprollen mit Wasserfarbe. Ist die Farbe getrocknet, erstellen sie mit dem Bleistift eine Planungsskizze: Wie soll die Kugelbahn verlaufen? Die Laufrichtung markieren sie mit dem Bleistift auf der Untergrundpappe. Nun kleben sie die Papprollen entsprechend mit Klebstoff und ggf. zusätzlich mit Klebeband auf die Pappe.

Damit die Kugel später nicht vorzeitig aus der Bahn fällt, müssen die Rollen ganz eng zusammen geklebt werden. Am Ende verzieren sie die Bahn mit bunten Papieren nach ihren Vorstellungen. Nun kann sie mit den Nägeln an der Wand befestigt werden. Unter die Bahn wird ein Eimer oder Korb gestellt, der die Kugeln auffängt.

Spiegelbilder malen

Eine Malaktion für Jungen, bei der sie die Gesetzmäßigkeiten des Spiegelns kennen lernen.

Vorbereitung: Für jedes Kind ein Papier mit jeweils einem halben Gesicht vorbereiten (siehe Abb.)

Alter: ab 3 Jahren
Material: kleine Spiegel/Spiegelkarton, Papier und Stift
Für die Variation: Zeitschriften, Schere, Papier, Klebe, Spiegel

Die Kinder bekommen ein Papier mit einem halben Gesicht darauf und einen Spiegel. Sie sollen den Spiegel so an das Papier halten, dass sie ein vollständiges Gesicht sehen können. Wenn sie es nicht schon „aus Versehen" getan haben, können die Kinder versuchen, Grimassen zu erzeugen, indem sie den Spiegel nicht genau auf der Mittellinie halten, sondern mit einer leichten Drehung zur Mittellinie hin. So wird das Gesicht verzerrt, die Augen stehen beispielsweise ganz eng beieinander oder weit auseinander.

Variation: Die Kinder schneiden Bilder mit Gegenständen, Menschen oder Tieren aus alten Zeitschriften aus. Sie kleben die Bilder auf Papier. Nun experimentieren sie mit dem Spiegel: Wie muss ich den Spiegel halten, so dass sich die Bilder verändern? Welche Bilder sehen besonders komisch aus?

Erklärung: Der Spiegel reflektiert alles, was direkt vor ihm ist. Wenn ein Bild beispielsweise am Bauch des Menschen aufhört, so wird das, was vor dem Spiegel ist, reflektiert (also der Oberkörper des Menschen) und der Rest nicht. So können lustige Bilder entstehen. (► vgl. Kieninger 2008, S. 116)

Popcorn machen

Eine hauswirtschaftliche Aufpop-Aktion für Jungen, bei der sie sich mit den Eigenheiten von Mais auseinandersetzen können.

Alter: ab 3 Jahren
Material: Kochtopf mit Glasdeckel, Herd, 1 EL Sonnenblumenöl, Popcornmais, evtl. Zucker

Etwas Öl im Kochtopf erhitzen. So viel Popcornmais in den Topf schütten, dass nur der Boden mit dem Mais bedeckt ist. Den Topf mit einem Glasdeckel schließen. Öl und Popcornmais weiter im Topf auf geringer Stufe erhitzen.

Nun kann gespannt gehorcht – und durch den Glasdeckel beobachtet – werden, wann die Maiskörner aufploppen. (Achtung: Wird der Deckel geöffnet, springen die Maiskörner heraus!)

Tipp: Das Popcorn kann in selbst bemalten Tüten aus Papier serviert werden.

Lavalampen-Phänomen

Mädchen machen faszinierende Erfahrungen mit der Dichte von Stoffen.

Alter: ab 4 Jahren
Material: schmaler Behälter mit Deckel (Glasflasche, hohes Marmeladenglas o. Ä.), Wasser, Speiseöl, Salz, Lebensmittelfarbe

Der Behälter wird circa 5 cm hoch mit Wasser befüllt. Darauf wird circa 1 cm hoch Öl gegossen. Beim Gießen sollte der Behälter ein wenig zur Seite gekippt werden, so dass das Öl über die Innenseite des Behälters auf das Wasser fließen kann – und die Flüssigkeiten nicht gemischt werden. Nun wird die Lebensmittelfarbe hinzugegeben. Abschließend wird etwas Salz auf das Öl gestreut. Nun können die Kinder den „Lavalampen-Effekt" beobachten.

Zur Erklärung des Phänomens: Öl schwimmt auf dem Wasser, weil es eine geringere Dichte besitzt. Lebensmittelfarbe hat eine ähnliche Dichte wie Wasser und die Tropfen tauchen durch das Öl und vermischen sich mit dem Wasser. Salz hat eine noch höhere Dichte als Öl, Wasser und Lebensmittelfarbe und sinkt deshalb bis auf den Grund. Auf dem Weg, nimmt das Salz Öltropfen mit. Sobald sich das Salz aber im Wasser aufgelöst hat, steigen die Öltropfen wieder nach oben.

Soziales Lernen

Idee: Kinder durch helfendes Miteinander statt rivalisierendem Gegeneinander zu kooperativem Verhalten herauszufordern. Zurückhaltende, schüchterne Kinder über Angebote zu Durchsetzungsstärke motivieren.

Einige Kinder schreien auf dem Flur des Kindergartens. Sie schupsen sich, bewerfen sich mit Kissen und beginnen sich zu hauen. Taucht bei der Beschreibung einer solchen Szene bei Ihnen in der Fantasie auch eine Jungengruppe auf?

Es ist durchschnittlich tatsächlich so, dass Jungen öfter in körperliche Auseinandersetzungen verwickelt sind als Mädchen. Jungen prügeln sich nicht nur mehr, sondern sind auch oft Opfer von Prügeleien. Jungen gehen aggressiver miteinander um als Mädchen. Das Phänomen, dass Jungen sich mehr prügeln als Mädchen, ist aber nicht in allen Kulturen zu finden! (▶ vgl. Rohrmann 2009, S. 28) Weil aggressives, durchsetzungsstarkes, lautes Verhalten in unser männliches Rollenbild passt, wird dieses bei Jungen mehr geduldet, als wenn Mädchen genau dasselbe Verhalten an den Tag legen.

Durchsetzungsstarke Kinder sollten in kooperativem Verhalten gefördert werden. Dazu bieten sich Kooperationsspiele an, bei denen sich die Kinder in andere mitspielende Kinder hineinversetzen müssen. Sie müssen Rücksicht auf die Gefühle anderer nehmen und gemeinsam eine Aufgabe bewältigen. Es geht in diesen Spielen um ein sich helfendes Miteinander, und nicht um ein rivalisierendes Gegeneinander. Zurückhaltende, schüchterne Kinder sollten über Angebote zu Durchsetzungsstärke motiviert werden.

Gefühlsmemory

Eine Aktion für Jungen, bei dem sie ein Spiel erstellen und sich dabei mit verschiedenen Gefühlen auseinandersetzen können.

Alter: ab 5 Jahren
Material: Spiegel, Digitalkamera (wenn möglich Computer mit Zubehör, um die Fotos gleich drucken zu können), Kärtchen aus Karton (5 x 5 cm), Klebstoff, ggf. durchsichtige Klebefolie

Jedes Kind denkt sich für sich eine kurze Geschichte aus, die ein Gefühl beschreibt (Trauer, Wut, Angst oder Freude ...) und übt vor einem Spiegel, dieses Gefühl mimisch darzustellen. Ist das Kind mit seinem Gesichtsausdruck zufrieden, wird es in der entsprechenden mimischen Pose fotografiert. Anschließend werden die Bilder auf den PC gespielt und jeweils 2 x ausgedruckt, ausgeschnitten und auf die vorbereiteten Kärtchen geklebt.

Nun kann das Spiel beginnen: Die Karten werden verdeckt in die Mitte gelegt. Nacheinander darf jedes Kind nun zwei Karten aufdecken. Dazu soll es das dargestellte Gefühl benennen. Hat es ein Paar gefunden, darf es dieses an sich nehmen und ist gleich noch einmal an der Reihe. Stimmen die Karten nicht überein, werden beide wieder umgedreht und das nächste Kind ist an der Reihe. Gewonnen hat das Kind, welches am Ende die meisten Karten hat.

Einfache Variante: Bei sehr vielen Karten oder auch sehr jungen Kindern wird von den zwei aufgedeckten Karten, nur eine Karte wieder umgedreht. Somit liegen im Laufe des Spieles immer mehr Karten aufgedeckt und es können leichter Paare gefunden werden.

Tipp: Wenn das Spiel öfter gespielt werden soll, bietet es sich an, die Karten zu laminieren. Ansonsten gehen sie nach einigen Spielen kaputt.

Ich muss ins Krankenhaus!

Ein Fangspiel für Jungen, bei dem Helfen sich lohnt.

Alter: ab 4 Jahren
Material: Matten oder Decken, Tücher oder Mützen zur Kennzeichnung der Ticker

Vorbereitung: 1 große oder mehrere kleine Matten oder Decken in eine Ecke des Raumes legen. Dieses ist das Krankenhaus.

Ein Kind wird als „Ticker" bestimmt, alle anderen Kinder laufen kreuz und quer im Raum herum. Wird ein Kind getickt, d.h. vom Ticker berührt, muss es sich sofort auf den Boden setzen laut rufen: „Ich muss ins Krankenhaus!" Schnell müssen mindestens zwei Kinder kommen, um das getickte Kind zum Krankenhaus zu bringen. Es darf getragen werden.

Es darf aber auch nur begleitet werden, indem die Kinder irgendeinen Körperkontakt haben. Helferkinder dürfen nicht getickt werden.
Im Krankenhaus darf sich das getickte Kind ausruhen. Wenn es wieder mitspielen möchte, ruft es „Ich bin wieder gesund!" und läuft zurück auf das Spielfeld.

Hinweis: Ist die Gruppe größer, sollte es mehrere Ticker geben. Zur besseren Orientierung sollten sie durch ein Tuch oder eine Mütze gekennzeichnet sein.

Schrei über die Mauer!

Ein lautes Spiel für Mädchen, bei dem sie sich stimmlich durchsetzen müssen.

Die Spielleitung teilt die Kinder in drei Gruppen auf. Zwei Gruppen stehen sich in großem Abstand gegenüber, dazwischen bildet Gruppe 2 eine Mauer. Gruppe 1 denkt sich eine Botschaft bzw. einen Auftrag für Gruppe 3 aus. Auf ein Zeichen hin schreit Gruppe 1 ihre Botschaft herüber zur Gruppe 3. Gruppe 2 hat die Aufgabe, zu verhindern, dass Gruppe 3 die Botschaft verstehen kann. Das Spiel ist vorbei, wenn Gruppe 3 die Botschaft verstanden bzw. den Auftrag ausgeführt hat.

Alter: ab 4 Jahren

Schau mir in die Augen

Ein lustiges Spiel für Mädchen, was das Selbstvertrauen herausfordert und stärkt.

Zwei Kinder sitzen einander gegenüber und schauen sich in die Augen. Eine Eieruhr wird auf eine Minute gestellt. Gelingt es dem Paar, den Blickkontakt die ganze Zeit zu halten, hat es gewonnen. Wird er unterbrochen, gewinnt die Eieruhr!
    Variation: Lachen ist dabei verboten! Auch dann ist das Spiel vorbei!

Alter: ab 4 Jahren
Material: Eieruhr

Bodyguard

Ein Spiel für Mädchen, bei dem Durchsetzungsvermögen gefragt ist.

Vorbereitung: Es werden 2 Bänke als lange Linie gestellt. Dahinter befinden sich die weichen Wurfgeschosse.

Ein Kind ist ein weltberühmter Star, zwei andere sind die Bodyguards, die den Star vor Wurfgeschossen der Fans beschützen müssen. Die anderen Kinder sind die Fans und stehen hinter den Bänken. Die Bodyguards müssen nun den Star unbeschadet von der einen auf die andere Seite bringen. Trifft ein Fan den Star mit einem Wurfgeschoss, ist der Fan in der nächsten Runde Bodyguard.

Alter: ab 5 Jahren
Material: viele Softbälle, Kuscheltiere, kleine Kissen, 2 Bänke (alternativ Klebestreifen auf dem Boden)

Aus vielen Reifen wird einer

Ein kooperatives Bewegungsspiel für Jungen.

Alter: ab 4 Jahren
Material: Musik, Reifen

Jeweils zwei Kinder stellen sich in einen Reifen, halten ihn auf Taillenhöhe und laufen zur Musik durch den Raum. Die Kinder müssen sich auf Richtung und Geschwindigkeit abstimmen. Stoppt die Musik, tun sich zwei Paare zusammen: Sie legen ihre Reifen übereinander und steigen zu viert hinein. Ertönt die Musik wieder, bewegen sich alle „Doppelreifen" durch den Raum.

Stoppt die Musik, tun sich wieder zwei Reifen zusammen, so dass vier Reifen übereinander sind mit acht Kindern. Gelingt es ihnen jetzt noch, eine Strecke gemeinsam zu laufen?

Schatzklau

Ein Spiel für Jungen, bei dem sie gut zusammenarbeiten müssen.

Alter: ab 3 Jahren
Material: Gegenstände als Schätze

In einer Ecke des Raumes liegen die Schätze, die von einem sehr gefährlichen Drachen – einem Kind – bewacht werden. Nun versuchen die übrigen Kinder, die Schätze zu entwenden ohne vom Drachen gefressen zu werden.
Sie können dabei verschiedene Mittel einsetzen, z. B.: den Drachen ablenken, durchkitzeln, weglocken, ihn zum Einschlafen bringen, bestechen …

Aber: Der Drache ist sehr gefährlich. Wer von ihm berührt wird, fällt um und muss am Boden liegen bleiben.

Erleichternde Varianten:
› Die Schätze liegen in der Mitte des Raumes
› Die Kinder, die vom Drachen berührt werden, werden auch zu Drachen
Erschwerende Variante:
› Zwei Drachen bewachen die Höhle

Popcorn-Klebe-Tanz

Ein wildes Tanzspiel für Mädchen, bei dem Kooperation und Koordination gefragt sind.

Alter: ab 3 Jahren
Material: Musik

Die Kinder tanzen, laufen und springen durch den (nicht zu großen) Raum. Sie sind die Maiskörner, die auf dem heißen Topfboden springen. Berühren sie ein anderes Korn, so springen sie zusammen weiter und so weiter, bis sich eine Riesentüte Popcorn gebildet hat.

Da oben klebt was!

Ein kooperatives Spiel für Jungen, bei dem es auch um einen gemeinsamen Rhythmus geht.

Die Kinder schwingen gemeinsam das Tuch. Ist das Tuch an seinem höchsten Punkt, gibt die Spielleitung ein Kommando und alle lassen das Tuch los. Im Idealfall wird das Tuch einen Moment unter der Decke kleben und erst dann zu Boden gleiten.

Alter: ab 4 Jahren
Material: Schwungtuch

   Hinweis: Nach einem Probedurchgang sind auch ältere Kinder in der Lage, das Kommando zum Loslassen zu geben.

Die Popcornmaschine

Ein „Schleuderspiel" für Jungen, bei dem alle „an einem Strang ziehen" müssen.

Das Tuch wird auf den Boden gelegt. Ein Kind darf sich in die Mitte des Tuches setzen. Es sitzt im Schneidersitz und streckt die Arme in die Höhe. Die anderen Kinder fassen das Tuch an und bewegen sich langsam in dieselbe Kreisrichtung. Dabei gehen sie immer ein Stückchen näher an das Kind in der Mitte heran, so dass es vom Tuch eingewickelt wird. Das Tuch darf dem Kind jedoch nur bis Brusthöhe gehen. Ist das Kind eingewickelt, gibt die Spielleitung ein Kommando.

Alter: ab 4 Jahren
Material: Schwungtuch

   Nun ziehen alle Kinder am Tuch und gehen dabei ein paar Schritte zurück. Das Tuch wird dabei immer auf Spannung gehalten. Das Kind in der Mitte wird wie ein Maiskorn in der Popcornmaschine herumgeschleudert.

Schiff in den Hafen bringen

Ein Spiel für Jungen, bei dem Kooperation und Konzentration gefragt sind.

Die Kinder sind Heulbojen und stehen verteilt im Raum. Ein bis drei Kinder sind Schiffe und stehen mit verbunden Augen an einer Hallenseite. Sie wollen auf die andere Hallenseite in den Hafen und laufen langsam los.

Alter: ab 4 Jahren
Material: Tücher zum Verbinden der Augen

   Die Bojen weisen ihnen den Weg, indem sie heulen oder tuten, so dass die Schiffe nicht an die Bojen stoßen. Je näher ein Schiff kommt, desto lauter werden die nächstgelegenen Bojen. Entfernt sich das Schiff, wird die Boje wieder leiser.

   Das Spiel ist beendet, wenn alle Schiffe unbeschadet im Hafen sind.

Medien

Idee: Jungen und Mädchen die Möglichkeit geben, sich kreativ-gestalterisch und aktiv mit „ihren" Medien(helden) auseinanderzusetzen.

Auf T-Shirts, Haarspangen, Brotdosen oder Turnbeuteln vieler Mädchen ist Prinzessin Lillifee zu sehen und auf den Hausschuhen und Jacken von Jungen Bob der Baumeister oder Cars. Ein Junge mit einer Lillifee-Kindergartentasche setzt sich schnell den Hänseleien der anderen Kinder aus, die ihm schnell beibringen, dass seine Tasche nur für Mädchen ist. Und wenn Laura am Frühstückstisch erzählt, dass sie später wie Spiderman sein möchte, wird auch ihr schnell klar gemacht, dass sie schließlich kein Junge sei.

Sowohl Jungen als auch Mädchen bekommen von der Vergnügungsindustrie Helden und Heldinnen vorgesetzt, die anscheinend die Interessen und Bedürfnisse von Jungen und Mädchen bedienen. Ist das tatsächlich so? Wünschen sich Mädchen eine rosa Glitzerwelt und Jungen eine raue Welt voller Schwerter und Verfolgungsjagden? Oder haben Jungen und Mädchen einfach keine andere Chance, als mitzumachen?

Pädagogische Fachkräfte sollten genau beobachten, welche Medienerlebnisse Jungen und Mädchen im Kindergarten verarbeiten. Wovon erzählen sie? Was spielen sie nach? Was malen sie? Sie sollten die Medienhelden und Medienheldinnen der Kinder wahrnehmen und reflektieren, welches Rollenbild diese transportieren. Entsprechend dazu sollten sie Angebote machen, welche die vorgesetzten, einseitigen Rollenbilder ergänzen und erweitern.

Wieso nicht eigene Filme drehen und eigene Heldinnen erfinden? Diese entsprechen mit Sicherheit den wahren Bedürfnissen und Interessen der Kinder.

Mein Held!

Eine Bastelaktion für Jungen, bei der ihnen bewusst wird, was an einem (ihren) Helden so besonders ist.

Die Kinder bauen sich einen Helden aus den ausliegenden Materialien. Sie überlegen dabei genau, wie ihr Held sein soll und wie er deshalb gebaut sein muss. Kann der fliegen? Ist er stark? Kann er gut klettern? Ist er dick oder dünn? Groß oder klein? Lange oder kurze Haare? Abschließend stellt jedes Kind seinen Helden im Stuhlkreis vor.

Alter: ab 3 Jahren
Material: Verpackungsmaterial (Joghurtbecher, kleine Kartons, Alufolie o. Ä.), Klebstoff, Draht, Papprollen, Knetgummi, Klebeband, Wolle, Schere, Krepppapier, Buntpapier, Karton, Perlen, Stifte

Impulsfragen zur Reflexion:
› Was ist besonders wichtig an deinem Helden?
› Warum ist das wichtig?
› Was kann dein Held besonders gut?
› Kennst du einen echten Menschen mit diesen Eigenschaften?
› Was haben eure Helden gemeinsam?
› Was fehlt den Helden möglicherweise?

Hinweis: Jungen identifizieren sich mit ihren Helden. Sie spiegeln ihre Sehnsüchte und Bedürfnisse wider. Sie sollten die Medienhelden/Helden der Jungen nicht abwerten oder gar „verteufeln", denn damit fühlen sich die Kinder auch persönlich abgewertet oder gar „verteufelt". Ein Gespräch über die Helden, in dem Sie sie nicht bewerten, ist ein guter Ausgangspunkt, um die Wünsche und Bedürfnisse der Kinder zu entdecken.

Fotosafari

Eine Fotoaktion für Mädchen, bei der es um räumliche Orientierung geht.

Die Kinder suchen sich einen Ort, der fußläufig vom Kindergarten zu erreichen ist, z. B. die Turnhalle, die nahe gelegene Schule, in der geturnt wird, oder ein Spielplatz. Die Kinder bekommen zu zweit einen Fotoapparat und gehen gemeinsam in einer Kleingruppe mit der pädagogischen Fachkraft den Weg ab.

Alter: ab 4 Jahren
Material: Fotoapparat, Klebstoff, große Papiere

Die Kinder haben die Aufgabe, Fotos vom Weg zu machen, z. B. von einem besonderen Haus, besonderen Baum, einem Straßenschild usw. Zeitnah werden die Fotos im Kindergarten ausgedruckt und als Fotostrecke in der richtigen Reihenfolge aufgeklebt. Jedes Paar klebt dabei seinen eigenen Fotoweg. Erkennen die Kinder den Weg wieder? Können die anderen Kinder den Weg erraten?

Was soll das denn sein?

Eine Aktion, die Mädchen kreativ Bilderrätsel mit einer Videokamera herstellen können.

Alter: ab 5 Jahren
Material: Videokamera, Fernseher, Verbindungskabel

Die Kinder suchen sich in kleinen Gruppen ein Objekt in den Räumen oder auf dem Außengelände der Kita. Von diesem Objekt filmen sie lediglich ein interessantes Detail (z. B. die Maserung einer Holzbank, ein kleines Stück Bild eines Bilderbuches oder die braunen Fleckchen des sommersprossigen Armes der Praktikantin). Beim Detailfilmen sollte die Makroaufnahme-Funktion eingestellt sein oder (je nach Kamera) das Zoom auf „weit" gestellt werden, damit das Detail nah und scharf abgebildet werden kann. Die Kamera wird so nah wie möglich an das ausgesuchte Detail gehalten, die Aufnahmetaste wird gedrückt.

Nach einigen Sekunden geht die Filmerin langsam zurück, bis irgendwann das ganze Objekt zu sehen ist. Nachdem jedes Kind eine Aufnahme gemacht hat, wird die Kamera an den Fernseher angeschlossen und die Bilderrätsel werden der Gruppe präsentiert. Nun dürfen alle raten, um welches Objekt es sich bei dem Detailausschnitt jeweils handelt. Wer errät es zuerst?

Hinweis: Es kann sehr hilfreich sein, öfters die Pausentaste beim Anschauen zu drücken, damit alle Kinder genug Zeit zum Betrachten und Raten haben.

Ein Hörspiel selber machen

Eine Aktion für Jungen, bei der sie mit Sprache spielen.

Alter: ab 4 Jahren
Material: Aufnahme-gerät, Mikrofon, Bilderbuch

Die pädagogische Fachkraft liest Abschnitt für Abschnitt eines den Kindern gut bekannten Buches vor. Nun wird bei jedem Abschnitt gemeinsam überlegt, wie die Geschichte vertont werden könnte. Wer darf in welcher Stimmlage was sagen? Wie können die Geräusche (z. B. Windrauschen, Wasserplätschern) erzeugt werden? Die Kinder experimentieren und legen es fest. Am Ende wird die vertonte Geschichte mit dem Tonbandgerät aufgenommen.

Guck mal von hier!

Eine Aktion für Mädchen, bei der die Orientierung im Raum gefördert wird.

Alter: ab 4 Jahren
Material: Fotoapparat, Computer, ggf. Drucker und Papier zum Ausdrucken der Bilder

Die Kinder bekommen paarweise einen Fotoapparat und fotografieren auf dem Außengelände aus verschiedenen Perspektiven, z. B. von der Rutsche oder liegend auf dem Boden, auf dem Klettergerüst usw. Die Bilder werden am Computer betrachtet (oder ausgedruckt). Nun dürfen alle mitraten: Wo wurde das Bild geknipst?

Filme synchronisieren

Eine Aktion für Jungen, bei der sie kreativ mit Sprache umgehen.

Vorbereitung: Die pädagogische Fachkraft sucht eine Szene des Kinderfilmes aus, in der die Figuren langsam und der Reihe nicht durcheinander sprechen. Sie baut den Computer zum DVD schauen auf.

Alter: ab 5 Jahren
Material: DVD Spieler, DVD mit einem Kinderfilm, Computer

Die Kinder schauen sich die Filmsequenz ohne Ton an. Sie überlegen, worum es in der Geschichte geht und was die einzelnen Figuren sagen könnten. Die Kinder verteilen die Rollen.

Die pädagogische Fachkraft spult den Film immer wieder zurück und die Kinder probieren spontan aus, welcher Text und welche Stimmlage für ihre Figur passen könnten. Hat der Computer ein Mikrofon, so kann die Neusynchronisation aufgenommen werden.

Schau genau! Hier ist was faul!

Eine Aktion für Mädchen, bei der sie mit einem Fotoapparat ein Spiel herstellen.

Die Kinder machen jeweils zwei scheinbar identische Bilder. Aber auf dem zweiten Bild wird ein Detail verändert. Beispielsweise fotografieren die Kinder die Grünpflanze, die im Eingangsbereich des Kindergartens steht. Auf dem zweiten Foto ist zwar wieder dieselbe Grünpflanze aus derselben Perspektive zu sehen, aber wer genau hinschaut, entdeckt eine kleine Spielfigur, die gegen den Stamm gelehnt ist.

Alter: ab 5 Jahren
Material: Fotoapparat, (Computer, Drucker), Fotokarton, Schere, Klebstoff

Die Bilder werden ausgedruckt (oder zum Entwickeln in die Drogerie gebracht). Die Kinder kleben ihre Fotos nebeneinander auf Fotokarton. Nun darf geraten werden: Wo ist der Fehler versteckt?

Fotocollage: Viele Kinder – viele Gefühle ...

Eine Aktion für Jungen, bei der sie sich mit verschiedenen Gefühlen auseinandersetzen können.

Die Kinder fotografieren sich (evtl. mit Hilfe) gegenseitig in verschiedenen Gefühlsdarstellungen (z.B. traurig, fröhlich, wütend). Die Bilder werden ausgedruckt, ausgeschnitten und als Collage auf das Papier geklebt.

Alter: ab 4 Jahren
Material: Fotoapparat, wenn möglich Computer und Drucker, große Papiere oder Tonpapier, Schere, Klebstoff

Impulsfragen zur Reflexion: Welche Gefühle könnt ihr sehen? Wie viele „Gesichter" hat ein Kind? Welches Gefühl mögt ihr am liebsten? Welches Gefühl mögt ihr gar nicht gerne?

Zauberfilme drehen

Eine Aktion für Mädchen, bei der sie kreativ mit Technik umgehen können.

Alter: ab 5 Jahren
Material: Videokamera
mit Stativ, Requisiten
(wie etwa Hüte, Taschen
oder Perücken),
Zauberstab

Vorbereitung: Die Kamera steht auf dem Stativ.

Die Kinder suchen sich eine Rolle/Aufgabe aus:
› Schauspielerin
› Zauberin
› Kamerakind
› „Sachen-bring-und hol-Kind"

Die Kinder denken sich gemeinsam eine Szene aus, die sie vor der Kamera spielen möchten.
> **Beispiel:** Eine Oma geht mit einer Handtasche in der Handspazieren und plötzlich kommt der Zauberer/die Zauberin und hext die Tasche weg.
Die Kinder spielen die Szene mehrmals als Probedurchläufe. Wenn jedes Kind seine Rolle beherrscht, beginnt das Kamerakind die gespielte Szene zu filmen.
> **Beispiel:** Die Oma geht mit der Handtasche langsam durch das Bild. Die Zauberin erscheint mit dem Zauberstab und ruft: „Ene, meine, meck. Die Tasche ist jetzt weg. Hex hex!"
„Hex hex" ist das Signal für die Schauspielerinnen, in ihren Bewegungen einzufrieren und für das Kamerakind, die Aufnahme zu stoppen. Das „Sachen-bring-und-hol-Kind" läuft zur Schauspielerin und nimmt die Handtasche an sich. Ist das Kind wieder von der Bildfläche verschwunden, tippt es dem Kamerakind auf die Schulter und dieses filmt weiter.
> **Beispiel:** Die Oma schaut auf ihre leere Hand und dann auf die Zauberin und ruft: „Mein ganzes Geld war da drin! Hex mir sofort meine Tasche wieder her!"
Hinweis: Das Stativ darf nicht bewegt und auch an der Einstellung darf während der kleinen Pause nichts verändert werden. Der Trick funktioniert nur, wenn die Kinder präzise arbeiten und gut aufeinander abgestimmt sind. Die Kinder sehen dieses selber beim Betrachten ihres Filmes. Möglicherweise muss eine Szene dann nochmals gedreht werden.

Weitere Beispiele für kurze Spielszenen:
› Zwei Mädchen gehen Hand in Hand spazieren und die Zauberin hext eines der Mädchen weg.
› Zwei Mädchen verschwinden hinter einem Vorhang. Die Zauberin hext noch drei dazu, so dass fünf Kinder hinter dem Vorhang hervor kommen.
› Ein Mädchen ist bei der Friseurin. Die Zauberin hext eine unmögliche Frisur.
› Die Zauberin hext der Schauspielerin einen neuen Hut auf den Kopf.

(▶ vgl. Eder/Orywal/Roboom 2008, S. 164 ff)

Sprache

Idee: Die Sprachkompetenz zu fördern und gerade auch die Jungen zum Kommunizieren, Reden und Zuhören zu motivieren.

Manche Jungen sind sprachlich nicht kompetent. „Es ist halt ein Junge. Die fangen später zu sprechen an, als Mädchen", ist eine gängige Auffassung. Es ist nicht wissenschaftlich geklärt, ob die durchschnittlich etwas besseren sprachlichen Fähigkeiten von Mädchen neurobiologisch bedingt sind, oder ob mit Mädchen einfach von Geburt an mehr gesprochen wird und sie deshalb schnell und gut sprechen lernen. Dieses Phänomen gibt es auch ab dem Schulalter beim Lesen: Laut PISA Studie können Jungen im Durchschnitt nicht so gut lesen wie Mädchen und sie haben auch weniger Freude daran. (▶ vgl. Rohrmann 2012, S. 26). Möglicherweise lesen sie schlechter, weil sie weniger lesen, und lesen weniger, weil sie schlechter lesen! Dieses setzt sich in vielen männlichen Biografien fort: 80 % der Jugendlichen mit einer Lese-Rechtschreib-Schwäche sind männlich. (▶ vgl. Schnerring/Verlan 2014, S. 142). Frauen hingegen fallen in Studien durch einen durchschnittlich breiteren Wortschatz und eine höhere Wortflüssigkeit auf. (▶ vgl. Strüber 2010, S. 66)

Viele Jungen – und auch Mädchen – profitieren schon im Kindergartenalter von Angeboten, die ihr Leseinteresse wecken und ihre Sprachkompetenz fördern.

Bilderbuchkino

Eine Aktion für Jungen, bei der Bilderbuchlesen noch attraktiver gemacht wird.

Alter: ab 3 Jahren
Ort: abgedunkelter Raum
Material: Kamera,
Computer, ausgewähltes
Bilderbuch, Beamer und
Leinwand (oder weiße
Wand) zur Präsentation

Vorbereitung: Die einzelnen Bilder des Buches werden abfotografiert und auf dem Computer gespeichert. Der Computer wird an einen Beamer angeschlossen, der „Kinoraum" abgedunkelt und entsprechend bestuhlt.

Die Kinder versammeln sich im Bilderbuchkino. Die pädagogische Fachkraft projiziert Bild für Bild auf die Leinwand und erzählt die dazu gehörige Geschichte.

Hinweis: Bei einer Bilderbuchbetrachtung können die Kinder zuhören, nachfragen, erzählen, kombinieren etc. Für die Sprachförderung ist es wichtig, dass Sie mit den Kindern über das Bilderbuch in ein Gespräch kommen. („Was meinst du, was der Igel gleich macht?" „Hast du auch schon einmal etwas verloren und nicht wieder gefunden?" „Was machst du, wenn du so traurig bist?")

Variante: Es wird eine Bildergeschichte gezeigt und die Kinder denken sich gemeinsam eine Geschichte dazu aus und erzählen sie.

Tipps zur Buchauswahl:

Grundsätzlich können alle Bilderbücher zu einem Bilderbuchkino genutzt werden, an dem die Jungen und Mädchen Interesse haben.

Bereichernd für die Geschlechtsidentitätsentwicklung der Kinder ist es, wenn die gezeigten Bilderbücher auch unter dem geschlechtersensiblen Blick betrachtet und ausgewählt werden. Insgesamt sind in Kinderbüchern die männlichen Hauptfiguren deutlich häufiger als weibliche Hauptfiguren vertreten.
(▶ vgl. Schnerring/Verlan 2014, S. 143)

Achten Sie bei der Programmzusammenstellung darauf, dass Bücher mit männlichen und weiblichen Hauptfiguren angeboten werden. Das Medium Bilderbuch sollte im Kindergarten auch immer dazu genutzt werden, den Jungen und Mädchen alternative Geschlechterrollen vorzustellen und näher zu bringen. So können die Kinder unterschiedlichste Möglichkeiten kennen lernen, wie ein Mädchen/eine Frau und wie ein Junge/ein Mann ihr, bzw. sein Leben gestalten kann. Mittlerweile gibt es einige Bücher, in denen starke, selbstbewusste Mädchen die Hauptfiguren sind. Sensible, zurückhaltende Jungen hingegen tauchen in Bilderbüchern nahezu nicht auf.

Selbstverständlich haben auch Bücher, in denen traditionelle Geschlechterrollen gezeigt werden, Platz im Kindergarten. Wichtig ist, dass die Jungen und Mädchen auf die traditionellen Muster hingewiesen werden und Sie mit den Kindern darüber ins Gespräch kommen. „Warum spielen nur die Jungen Indianer im Garten? Spielen Mädchen nicht Indianer?" „Wieso kocht nur die Maulwurfmama das Essen? Wie ist das bei euch zu Hause?"

Impulsfragen zur Bilderbuchanalyse:
› Sind die Hauptfiguren männlich oder weiblich?
› Welche Rollen und Funktionen nehmen die weiblichen und die männlichen Figuren ein? (z. B. Männer reparieren, Frauen bedienen, Mädchen helfen im Haushalt mit)
› Welche Gefühle zeigen die weiblichen und welche die männlichen Figuren? (z. B. Mädchen sieht ängstlich aus, Junge ist wütend, Frau tröstet)
› Wird der Familienalltag nach traditionellen oder alternativen Mustern dargestellt?
› Welche alternativen Geschlechterrollen oder Familienmuster bietet das Buch den Kindern?
› Welche Gesprächsanlässe bietet das Buch hinsichtlich der Geschlechterrollen und Familienmuster?

Bilderbücher, die alternative Geschlechterrollenbilder zeigen

Zehender, Dirk: Inga und der verschwundene Wurm, Hanstedt, Mardi Verlag, 2011. Die Hauptperson ist das Mädchen Inga, welches in einer sogenannten „Regenbogenfamilie", also mit gleichgeschlechtlichen Elternteilen, aufwächst. Eines Tages sucht sie einen kleinen Regenwurm, den sie verloren hat, und trifft dabei auf ihre Nachbarn und Nachbarinnen. Dabei werden verschiedene Familienformen gezeigt, wie etwa Alleinerziehende mit Kind, eine Patchworkfamilie, ein Paar ohne Kind oder auch eine traditionelle Familie.

De Haan, Linda/Nijland, Stern: König und König, Gerstenberg-Verlag, Hildesheim, 2009. Die Königin beschließt, dass der Prinz heiraten muss, und begibt sich auf die Suche nach einer geeigneten Prinzessin. Keine der ihm vorgestellten Prinzessinnen möchte der Prinz zur Frau haben. Bei der Brautschau bringt die Prinzessin Liebegunde ihren Bruder, den Prinzen Herrlich, mit, in den sich der Prinz sofort verliebt. Sie heiraten.

Schreiber-Wicke, Edith/Holland, Carola: Zwei Papas für Tango. Stuttgart, Thienemann, 2006. Zwei männliche Pinguine leben gemeinsam im Zoo. Als ein Pinguin-Ei von seinen Eltern im Stich gelassen wird, schieben die Tierpfleger es den beiden Pinguinen unter. Sie brüten es aus und bekommen eine Tochter namens Tango. Sie leben als Pinguinfamilie zusammen. (Dieses entspricht einer wahren Begebenheit.)

Lindenbaum, Pija: Paul und die Puppen. Weinheim und Basel, Beltz & Gelberg, 2008. Paul ist ein guter Fußballspieler. Das ständige Fußballspielen nervt ihn eines Tages und im Kindergarten möchte er lieber mit den Mädchen Barbiepuppen spielen. Das tut er auch und am Ende tanzen alle Jungen mit den Mädchen Ballett.

Wenniges, Oliver: Prinzessin Horst. Hamburg, Carlsen Verlag, 2007. Königin Antje bekommt eine Tochter. Ihr Mann, König Helmut, wünschte sich jedoch sehnlichst einen Jungen – und nannte seine Tochter Horst. Nach dem ersten Schock über diesen Jungennamen für die kleine Prinzessin wurde es zum neuen Trend: Eltern gaben ihren Töchtern Jungennamen und selbst erwachsene Frauen benannten sich um. Als die Königin ein zweites Kind bekam und diesen Sohn Daniela nannte, waren im Land auch Jungennamen wieder modern und Söhne, Väter und Großväter bekamen nun Mädchennamen. Alle lebten glücklich und zufrieden …

Olten, Manuela: Echte Kerle, Hamburg, Beltz Verlag, 2013. Zwei Jungen lästern abends im Bett über Mädchen: Mädchen sind voll langweilig, kämmen den ganzen Tag ihre Puppen, machen sich vor Angst ins Nachthemd und glauben an Gespenster! Bei dem Gedanken an Gespenster wird den beiden mulmig. Die gibt es doch nicht wirklich, oder? Plötzlich müssen beide schnell mal auf die Toilette und suchen danach ängstlich – und sich an ihre Kuscheltiere klammernd – Schutz im Bett der Schwester.

Zungenbrecher für Krümelmonster

Eine lustige Sprachübung für Jungen, bei der es auf eine genaue Artikulation und Konzentration ankommt.

Material: Kekse

Die pädagogische Fachkraft sagt folgende Verse vor und die Kinder versuchen, sie möglichst schnell zu wiederholen. Beim Aufsagen der Zungenbrecher haben die Kinder ein oder auch mehrere Kekse im Mund …
Wem gelingt das ohne loszuprusten?

› Zehn zahme Ziegen ziehen zehn Zentner Zucker zum Zoo.
› Fünf Ferkel fressen frisches Futter.
› Fischers Fritz fischt frische Fische – frische Fische fischt Fischers Fritz.
› Klitzekleine Kinder können keinen Kirschkern knacken.
› Häschen Hoppel hoppelt hinterm Hühnchen her.

Tischsprüche

Ein Ritual für Jungen vor dem Essen, welches das Sprachvermögen fördert.

Es war einmal ein Krokodil.
Das fraß und fraß und fraß ganz viel.
Es schlürfte.   *(Schlürfgeräusche machen)*
Und es schmatzte.   *(Schmatzgeräusche machen)*
Bis es schließlich platzte.   *(In die Hände klatschen)*

„Tututuuuuut!" macht das Auto.
„Schschschsch!" macht der Zug.
Heute schmeckt uns das Essen besonders gut.
Haut rein!

Das Schwein, das schmatzt.
Die Ziege meckert.
„Dass mir heut ja keiner kleckert!"
Guten Appetit!

Wir schleichen wie die Tiger

Ein Bewegungsspiel für Jungen, bei dem sie ihren Wortschatz erweitern können.

Die Kinder bewegen sich zum Rhythmus des Tamburins durch den Raum. Die Spielleitung schlägt einmal laut auf das Tamburin und sagt ein Tier an. So wie dieses Tier sollen sich die Kinder weiter durch den Raum bewegen. Die Spielleitung benennt dabei auch immer wieder die Verben, welche die Fortbewegungsart beschreiben.

Alter: ab 3 Jahren
Material: Tamburin

Beispiele:
› Der Frosch hüpft.
› Der Tiger schleicht.
› Das Pferd galoppiert.
› Die Schlange kriecht.
› Der Elefant trampelt.

› Der Vogel fliegt.
› Der Fisch schwimmt.
› Der Storch stolziert.
› Das Känguru springt.

Löwenjagd

Ein turbulentes Bewegungsspiel für Jungen, welches das Sprachvermögen fördert.

Alter: ab 3 Jahren

Die Kinder sitzen im Stuhlkreis oder im Schneidersitz im Sitzkreis. Die pädagogische Fachkraft leitet die Löwenjagd an und die Kinder machen wie folgt mit.

Text	Bewegungen
Wir gehen heut auf Löwenjagd und haben keine Angst	im Takt zum Text auf die Oberschenkel klatschen
Wir haben ein Gewehr dabei	Schießbewegung machen
Und ein starkes Schwert Huh!	Arm in die Luft strecken und „Huh!" schreien
Wir kommen an ein hohes Gras	Mit der Hand zeigen, wie hoch es ist
Wir kommen nicht oben drüber	Mit den Händen nach oben zeigen
Wir kommen nicht drunter durch	Mit den Händen nach unten zeigen
Wir kommen nicht außen herum	Arme auseinander strecken
Oh nein! Wir müssen mitten rein!	Hand an die Stirn legen
Wir schneiden das Gras mit dem Schwert ab	Schneidebewegung und entsprechende Laute machen
Geschafft!	Auf die Oberschenkel klatschen
Refrain wiederholen: Wir gehen heut auf Löwenjagd und haben keine Angst	im Takt zum Text auf die Oberschenkel klatschen
Wir haben ein Gewehr dabei	Schießbewegung machen
Und ein starkes Schwert! Huh!	Arm in die Luft strecken und „Huh!" schreien
Wir kommen an einen ganz breiten Fluss	Mit den Armen zeigen, wie breit er ist
Wir kommen nicht drüber	Mit den Händen nach oben zeigen
Wir kommen nicht drunter durch	Mit den Händen nach unten zeigen
Wir kommen nicht außen herum	Arme auseinander strecken
Oh nein! Wir müssen mitten rein!	Hand an die Stirn legen
Wir müssen schwimmen	Schwimmbewegungen machen
Geschafft!	Auf die Oberschenkel klatschen
Wie gehen jetzt auf Löwenjagd und haben keine Angst.	im Takt zum Text auf die Oberschenkel klatschen
Wir haben ein Gewehr dabei	Schießbewegung machen
Und ein starkes Schwert! Huh!	Arm in die Luft strecken und „Huh!" schreien

Text	Bewegungen
Wir kommen an ein ganz großes Feuer.	*Mit den Armen zeigen, wie groß es ist.*
Wir kommen nicht darüber	*Mit den Händen nach oben zeigen*
Wir kommen nicht drunter durch	*Mit den Händen nach unten zeigen*
Wir kommen nicht drum herum	*Arme weit auseinander strecken*
Oh nein! Wir müssen mitten rein!	*Hand an die Stirn legen*
Pusten!	*Tief Luft holen und Pustegeräusche machen*
Geschafft!	*Auf die Oberschenkel klatschen*
Wir gehen heut auf Löwenjagd Und haben keine Angst	*Im Takt zum Text auf die Oberschenkel klatschen*
Wir haben ein Gewehr dabei	*Schießbewegung machen*
Und ein starkes Schwert! Huh!	*Arm in die Luft strecken und „Huh!" schreien*
Wir kommen an eine dunkle Höhle. Wir können nichts mehr sehen und gehen hinein.	*Augen zu machen und Arme nach vorne strecken.*
Ui! Was ist das? Ich fühle etwas! Eine wuschelige Mähne! Riesige Augen und große, spitze Zähne!	*Mit ausgestreckten Armen ertasten die Hände etwas*
Ein Löwe! Ahh!	*Schreien*
Schnell zurück nach Hause	*Mit den Händen schnell auf die Oberschenkel klatschen*
Oh nein! Das Feuer! Wir müssen noch einmal hindurch	*Pust pust pust*
Wir laufen schnell weiter!	*Mit den Händen schnell auf die Oberschenkel klatschen*
Oh nein! Der Fluss! Wir müssen hindurch schwimmen!	*Schnelle Schwimmbewegungen machen*
Wir laufen schnell weiter!	*Mit den Händen schnell auf die Oberschenkel klatschen*
Oh nein! Das hohe Gras! Wir nehmen das Schwert und schneiden es ab	*Schnelle Schneidebewegungen machen*
Wir laufen weiter. Ganz schnell, denn der Löwe kommt hinterher	*Mit den Händen schnell auf die Oberschenkel klatschen*
Da ist schon unser Haus!	*Mit den Händen schnell auf die Oberschenkel klatschen*
Wir sind drin! Schnell abschließen	*Mit der Hand so tun, als würde man eine Tür abschließen und ein paar Mal tief durchatmen...*

Variation: Wenn die Kinder das Prinzip verstanden haben, können sie sich an den entsprechenden Stellen selber Hindernisse ausdenken, die die Gruppe bewältigen muss (z. B. ein großer Kuchen, durch den man sich essen muss oder ein Tunnel, durch den alle kriechen müssen).

Der Gang durch den Bauernhof

Eine laute Aktion für Mädchen, bei der es um genaues Hinhören geht.

Alter: ab 4 Jahren
Material: Tuch zum
Verbinden der Augen

Einem Kind werden die Augen verbunden. Es bekommt die Aufgabe, einen bestimmten Weg zu gehen. Die anderen Kinder bilden eine Gasse und machen laute Bauernhofgeräusche (z.B. wiehern, Motorengeräusch und Hühnergegacker). Das Kind mit den verbundenen Augen muss durch genaues Hören den Weg durch diese Gasse finden und gehen.
   Variation: Anstatt einer Bauernhofkulisse können auch andere Orte dargestellt werden, wie etwa ein Bahnhof, ein Pferdehof oder ein Schwimmbad.

Die wilde Affengeschichte

Ein wildes Reaktionsspiel für Mädchen, bei dem sie laut aus sich heraus kommen können.

Alter: ab 3 Jahren
Material: Stühle

Die Kinder sitzen im Stuhlkreis. Die Spielleitung erzählt folgende Geschichte. Immer, wenn das Wort „Affe" darin vorkommt, sollen die Kinder aufspringen und kurz „Uh-uh-uuuhhhh!" wie ein Affe schreien.

DIE WILDE AFFENJAGD

Lukas, der kleine *Affe* sitzt in seinem Käfig im Zoo. Ihm ist sehr langweilig. Heute regnet es und es kommen fast keine Menschen in den Zoo, um sich die *Affen* anzugucken. Lustlos setzt er sich in die Schaukel und schaukelt hin und her. „Ich glaub, mich laust ein *Affe*!", sagt er zu sich selbst und schaut auf die Käfigtür. Sie ist ja offen! Lukas hüpft von der Schaukel und im *Affen*zahn saust er durch die Tür. Er läuft an den Pinguinen und den Stachelschweinen vorbei. An einer Ecke hätte es fast einen Zusammenstoß mit einem kleinen Mädchen gegeben, welches mit einem großen Regenschirm spazieren geht. „Ein *Affe*!" schreit sie „Da ist ja ein *Affe*!"
   Schnell kommt der Zoodirektor herbei gelaufen. „Wir müssen ihn einfangen, den wilden Lukas!" Er rennt hinter dem *Affen* her, so schnell er kann. Lukas schaut sich immer mal wieder um und muss lachen, weil der Zoodirektor so lustig aussieht in seinen gelben Gummistiefeln. Schnell rennt der *Affe* an den Giraffen und an den Elefanten vorbei zurück zu seinem *Affen*käfig.
   Dort angekommen, hockt er sich auf einen Baumstamm und guckt unschuldig. Der Direktor ist ganz aus der Puste, als er zum *Affen*käfig kommt und hechelt: „Da habe ich dich erwischt! Du bleibst schön hier!" „War was?", fragte der *Affe*, machte einen Handstand und grinste den Direktor an. „Ich war doch die ganze Zeit hier und du hast wohl ein *Affen*gespenst gesehen!" Verwirrt ging der Direktor nach Hause.

Ich gehe in den Zirkus

Ein Spiel für Jungen, bei dem Wortschatz und Konzentrationsfähigkeit erweitert werden.

Nach dem Prinzip des klassischen Spiels „Ich packe meinen Koffer" erzählen die Kinder nacheinander, was sie im Zirkus sehen, z. B.:

Alter: ab 4 Jahren
Material: Tamburin

Kind 1: „Ich gehe in den Zirkus und sehe einen Elefanten."
Kind 2: „Ich gehe in den Zirkus und sehe einen Elefanten und einen Seiltänzer."
Kind 3: „Ich gehe in den Zirkus und sehe einen Elefanten und einen Seiltänzer und eine Zirkusdirektorin." usw.

Bei sehr großen Gruppen ist es möglicherweise zu schwer, sich alle Dinge zu merken. Fühlt sich ein Kind überfordert, so kann es sagen: „Die Zirkusvorstellung ist zu Ende!" und dann beginnt das Spiel bei diesem Kind von vorne.

Variationen:
› Ich bin im Wald und sehe ...
› Ich bin in der Autowerkstatt und sehe ...
› Ich bin auf dem Bauernhof und sehe ...
› Ich bin im Schwimmbad und sehe ...

Tipp: Um sich die einzelnen Sätze leichter merken zu können, kann jedes Kind eine Bewegung dazu machen, die alle wiederholen.

Zusammenarbeit mit Eltern

Eltern sollten in die geschlechtersensible Pädagogik einbezogen werden. Nur so können sie den Sinn mancher Angebote verstehen und kommen vielleicht auch der „eigenen Geschlechterfalle" in der Erziehung ihrer Kinder auf die Spur.

Gestaltung eines Elternabends zum Thema „Spielzeug für Jungen und Spielzeug für Mädchen"

Tipp: Dieser thematische Elternabend bietet sich in der Vorweihnachtszeit an. In dieser Zeit sind die meisten Mütter und Väter damit beschäftigt, geeignetes Spielzeug für die Weihnachtsgeschenke auszuwählen. Außerdem gibt es in dieser Zeit viele Werbebroschüren für Spielzeuge, die für das Einstiegsspiel genutzt werden können.

Ziele des Elternabends:

Die Eltern …
› erkennen, dass die Konsumindustrie spezielles Spielmaterial für Jungen und für Mädchen herstellt, was auch so vermarktet wird.
› entwickeln ein Verständnis dafür, dass Spielmaterial bestimmte Fähigkeiten fördert und Interessen hervorruft und anderes nicht.
› reflektieren ihr eigenes Vorgehen bei der Auswahl von Spielmaterialien ihres Kindes.

Ablauf des Elternabends:

› Begrüßung und Vorstellung des geplanten Ablaufes
› Einstiegsspiel: „Rosa Welten – blaue Welten"
› Kurzvortrag „Geschlechtsspezifisches Spielzeug"
› Auseinandersetzung mit dem Thema „Das Spielzeug meines Kindes"
› Kurzvortrag zum sinnvollen Spielzeug für alle Kinder
› Abschlussrunde „Was nehme ich mit?"

Rosa Welten – blaue Welten

Angebot zum Einstieg

Material: Scheren, Klebestifte, viele Kataloge und Werbebroschüren für Kinderspielzeug, 3 Bogen A3-Papier

Vorbereitung: Die drei Plakate mit „für Mädchen", „für Jungen", „für Mädchen und für Jungen" beschriften und aufhängen.

Die Spielzeugkataloge und Werbebroschüren für Spielzeug liegen im Raum aus. Die Eltern schneiden Spielzeuge aus und kleben sie auf die vorbereitete Wandzeitung: „für Jungen" oder „für Mädchen" oder „für Mädchen und für Jungen". Gemeinsame Betrachtung der drei Plakate.

Impulsfragen zur Reflexion:
› Ist es leicht oder schwer gefallen, die Spielzeuge zuzuordnen?
› Inwiefern unterscheidet sich das Spielzeug für Jungen von dem für Mädchen?
› Was sagen Spielzeuge über das weibliche und männliche Rollenbild in unserer Gesellschaft aus?
› Hätte dein Kind Interesse am Spielen mit Spielzeug, welches für das andere Geschlecht vermarktet wird?
› Hättest du als Kind Interesse am Spielzeug, was für das andere Geschlecht vermarktet wird, gehabt?
› Wird ein Mädchen „komisch angeguckt", wenn es mit dem Spielzeug für Jungen spielen würde?
› Wird ein Junge „komisch angeguckt", wenn es mit einem Mädchenspielzeug spielen würde?

KURZVORTRAG: „GESCHLECHTSSPEZIFISCHES SPIELZEUG"

Mädchen und Jungen bekommen unterschiedliches Spielzeug. Wenn Sie in einen Spielzeugladen gehen und um eine Beratung für ein Geburtstagsgeschenk eines dreijährigen Kindes bitten, wird die erste Frage mit Sicherheit lauten: Handelt es sich bei dem Kind um einen Jungen oder um ein Mädchen. Aufgrund dieser Information wird Ihnen dann ein Spielzeug ausgesucht.

Noch immer bekommen Mädchen viele Puppen geschenkt und Jungen viele Autos. Verfolgt man dieses weiter, so ist es möglich, dass Mädchen das Versorgen und Pflegen von Puppen gut können, weil sie es täglich üben. Bei der Berufswahl entscheiden sie sich deshalb womöglich für den Beruf der Kinderpflegerin, Erzieherin, Krankenschwester o.Ä., denn sie besitzen die geforderten Fähigkeiten und haben (deshalb) Freude daran. So ergreifen sie einen sogenannten Frauenberuf, der leider schlecht bezahlt wird. Der Junge mit dem Technikkasten, der schon früh das Konstruieren lernt und ein technisches Verständnis erwirbt, wird möglicherweise einer besser bezahlten Arbeit als Ingenieur oder Architekt nachgehen.

Es gibt keinen Grund, weshalb es Spielzeug für Mädchen oder für Jungen geben sollte. Wieso sollte ein Spielzeug für einen Jungen pädagogisch wertvoll und freudvoll sein und für ein Mädchen nicht? Vom geschlechtsspezifischen Spielzeug profitieren vor allem die Hersteller. Sie definieren ihre Zielgruppen immer enger, um mehr Produkte auf den Markt bringen zu können. Spielzeug, welches ein Angebot an alle Kinder ist, wäre weniger gewinnbringend. Der Spielzeugmarkt orientiert sich stets daran, was am meisten Geld einbringt. So werden Barbie-puppen für Mädchen vermarktet und Actionfiguren für Jungen.

„Aber unsere Tochter wünscht sich die rosa gekleidete „Baby born" doch von ganzem Herzen und unser Sohn nicht, denn der wünscht sich wirklich die Torwarthandschuhe mit den Wilden Kerlen drauf!" MarketingexpertInnen investieren viel Geld, um den Sorgen, Ängsten und Wünschen von Jungen und Mädchen auf die Spur zu kommen. Sie entwickeln daraufhin Konzepte, wie sie Kinder für ihr Produktangebot begeistern können. (▶ vgl. Schnerring/Verlan 2014, S. 79)

Sie nutzen den Entwicklungszeitraum der Geschlechtsidentität der Kinder aus, um das Bedürfnis von Jungen und Mädchen zu festigen ihrer Geschlechtergruppe zuzugehören. So werden für die Mädchen rosa Kinderstaubsauger hergestellt oder die braune Werkbank für die Jungen. Für den Jungen ist es schwer, sich den rosa Staubsauger zu wünschen, denn er weiß genau, dass die glitzernde, weiß-rosa Verpackung bedeutet, dass dieses Spielzeug für Mädchen ist. Das, was für ihn gedacht ist, als Junge, hat ein anderes Design. Würde sich der Junge den rosa Staubsauger dennoch wünschen, müssten Oma und Opa möglicherweise erst einmal tief durchatmen, bevor sie ihre Geldbörse aufmachen. Jungen haben es prinzipiell schwerer, sich mit Mädchenspielzeug zu beschäftigen, als umgekehrt, denn das weibliche Rollenbild lässt mehr Spielraum zu. So können Mädchen ungeniert auch mit Jungensachen spielen und als tough und „schlimmstenfalls" burschikos betitelt werden. Für Jungen ist es nicht so leicht als Puppenvati hingebungsvoll eine Puppe zu pflegen und empathisch auf sie einzugehen. Sie müssen auf Monster-puppen und Actionfiguren zurückgreifen. Schade, denn auch Jungen spielen gerne Staubsaugen oder mit Puppen.

Die Zuordnung als „Spielzeug für Jungen" oder „Spielzeug für Mädchen" ist nicht starr. So wird ein rosa Spielzeug für Mädchen plötzlich uninteressant, wenn es eine andere Farbe bekommt. Durch das Verschwinden der rosa Farbe wurde dem Spielzeug die geschlechtliche Zuweisung genommen. In einem Experiment wurde das Mädchenspielzeug „My little Pony" schwarz angemalt, die Mähne gestutzt und spitze Zähne hinzugefügt. Schon war das Pony für Jungen interessanter als für Mädchen. Und wieso sollte ein Pferd auch geschlechtlich zugeordnet werden? Dass Pferde und Reitsport „für Mädchen" sind, ist sozial bedingt und damit veränderbar. Es ist doch schade, dass Jungen zwischen mädchenhaften Pferdespielen und Pferdezeitschriften der Eintritt in den Reitsport erschwert oder sogar verwehrt wird. (▶ vgl. Schnerring/Verlan 2014, S. 89)

Untersuchungen ergaben beispielsweise, dass Vierjährige dreimal so lang mit einem Xylophon oder Ballon spielten, wenn ihnen gesagt wurde, dass das ein Spielzeug speziell für ihr eigenes Geschlecht ist. (▶ vgl. Fine 2012, S. 359) Das passende Gender-Etikett hat also große Wirkung! Spielzeug für Jungen und für Mädchen ist von Erwachsenen bestimmt und gemacht und keiner ist verpflichtet, sich daran zu halten und Jungen und Mädchen in ihrem Spielen und Handeln einzuschränken! Eltern und ErzieherInnen sollten den Kindern dabei helfen, im Spiel frei von Rollenklischees zu sein, damit sich die Töchter und Söhne in ihren Bedürfnissen, Interessen und Vorlieben ausprobieren und entfalten können.

Zusammenfassung:

› Es wird Spielzeug für Jungen und für Mädchen hergestellt.
› Geschlechtsspezifisches Spielzeug verwehren dem jeweils anderen Geschlecht wichtige und freudvolle Spielerfahrungen.
› Der kindliche Wunsch nach einem Spielzeug mit eindeutigem Geschlechteretikett beruht nicht auf einem tatsächlichen Grundbedürfnis, sondern auf dem Wunsch sich mit der eigenen Geschlechtergruppe zu identifizieren und das deutlich zu machen.
› Letztendlich profitieren nur die Spielzeughersteller/innen von geschlechtsspezifischem Spielzeug.
› Eltern/ErzieherInnen sollten den Kindern helfen, sich in ihren Spielen frei von Rollenklischees zu erproben, erleben und entfalten.

Das Spielzeug meines Kindes

Angebot zur Vertiefung des Themas.

Material: Stifte, Papier, vorbereitetes Plakat

An der Wand hängt ein Plakat, auf dem folgende Fragen stehen:

› Welche Spielzeuge hat unser Kind zu Hause?
› Womit spielt unser Kind am liebsten?
› Was bedeutet das Lieblingsspielzeug für die Interessen und Neigungen unseres Kindes?
› Welche Fähigkeiten werden trainiert und was bedeutet es möglicherweise für das spätere Berufsleben?

Die Eltern bilden Vierer-Gruppen und machen sich ca. fünf Minuten Gedanken zu den Fragen, die auf dem Plakat stehen.

Ihre Überlegungen können sie aufschreiben und sich anschließend darüber austauschen. Abschließend haben die Eltern in der gesamten Gruppe die Möglichkeit, Überlegungen oder auftauchende Fragen zu äußern.

Kurzvortrag: Sinnvolles Spielzeug für alle Kinder

Kinder brauchen kein geschlechtsspezifisches Spielzeug. Kindern sollte Spielmaterial zur Verfügung gestellt werden, das ihnen eigeninitiatives, kreatives Spielen ermöglichen. Das Material sollte zu vielfältigen Spielen anregen und mit anderen Spielmaterialien kombinierbar sein. Weniger ist dabei oft mehr.

Das Spielmaterial sollte einen hohen Aufforderungscharakter haben und Neugierde erzeugen. Der Spielreiz sollte von längerer Dauer sein, beispielsweise durch Kombinationsmöglichkeiten.

Kostengünstiges Alltagsmaterial eignet sich für vielseitig verwendbares, kreatives Spiel oft besser, als teures eindimensionales Spielzeug. So können die Spielmöglichkeiten beim Spielen mit Schuhkartons oder Kastanien fantasievoller und vielfältiger sein, als das Spiel mit einem ferngesteuerten Auto oder einem Plastik-bügeleisen.

Abschlussrunde „Blitzlicht":

Die Eltern werden aufgefordert kurz und knapp nacheinander eine Information des Abends zu benennen, die für sie neu und interessant war. Die Äußerungen sollen nicht kommentiert werden.

Väter in die Kita! Kinder brauchen echte männliche Rollenbilder

Die pädagogischen Fachkräfte sind in Überzahl weiblich, was auf die Gestaltung der pädagogischen Angebote und Spielimpulse – und damit auf die Erfahrungs-möglichkeiten von Jungen und Mädchen – einen großen Einfluss hat. Es fehlen Menschen, die traditionell männliche Tätigkeiten in den Kindergartenalltag brin-gen, von denen Jungen und Mädchen profitieren können. So sollten Väter aktiver in den Kindergarten einbezogen werden. Dieses kommt den Jungen und Mädchen zu Gute, denn Frauen – seien es Erzieherinnen, Köchinnen, Raumpflegerinnen und Mütter – erleben die Kinder zu Genüge. Männer tauchen im Kindergarten vereinzelt auf, wie etwa der Hausmeister, der kommt, wenn „Not am Mann ist". Es fehlen also männliche Rollenvorbilder im Kindergarten. Was machen die Männer? Wie sind sie so? Können sie nur reparieren, grillen oder zur Arbeit fahren? Oder können sie auch schmusen, singen oder basteln?

Nur beim konkreten Erleben von Männern können Kinder ein realistisches Män-nerbild bekommen und müssen nicht auf sich selbst überschätzende, realitätsferne Medienhelden, wie Batman oder Spiderman, zurückgreifen. Wären mehr Männer im Kindergarten präsent, müssten die Jungen sich nicht im übertriebenen Maße von allem Weiblichen, wie etwa den Aufforderungen der Erzieherinnen, abgrenzen. So müssen sie sich nicht damit begnügen, dass all das nur männlich ist, was nicht weiblich ist. Sie hätten verschiedenste männliche Vorbilder, mit denen sie sich identifizieren können, und müssen ihre männliche Geschlechtsidentität nicht über die Abgrenzung vom Weiblichen aufbauen.

Noch immer sind es die Mütter, die den Großteil der Erziehung übernehmen. Deshalb richtet sich die traditionelle Elternarbeit (wie etwa Tür- und Angelgesprä-che, Geplante Elterngespräche, Mitarbeit in Gremien etc.) meist an die Mütter. Väter tauchen zwar auch hier und da im Kindergarten auf – aber eher rollentypisch, bei-spielsweise wenn es um Renovierungsarbeiten in der Kita geht oder wenn das La-gerfeuer beim Herbstfest angezündet wird. (▶ vgl. Verlinden/Kübel, 2005, S. 21 ff.)

Damit Vätern die Hemmschwelle genommen wird, sich im Kindergarten einzubringen, sollte man zunächst an ihren Fähigkeiten anknüpfen. So könnten sie, wenn sie beispielsweise handwerklich begabt sind, mit den Kindern Spielzeuge reparieren oder ein Baumhaus bauen. Um den Vätern eine aktive Teilnahme am Kindergartengeschehen zu ermöglichen, muss berücksichtigt werden, dass viele Väter tagsüber arbeiten und sich eher an den Wochenenden einbringen können.

Aktionen, die sich als „Türöffner" für viele Väter eignen:
> An einem Samstagnachmittag wird kaputtes Spielmaterial repariert.
> Kinder und Väter bauen eine Bewegungslandschaft oder eine Bewegungsbaustelle.
> Kinder und Väter streichen die Wand im Gruppenraum.
> Kinder und Väter bringen den Garten der Kita „auf Vordermann".
> Kinder und Väter bauen einen Spielschuppen oder ein Baumhaus.
> Kinder und Väter machen einen Lagerfeuerabend mit Stockbrot und Nachtwanderung.
> Väter gestalten einen Indianernachmittag für die Kinder.
> Väter gestalten eine Kindergartenrallye.
> Väter gestalten ein Seifenkistenrennen mit den Kindern.

Haben die Männer mögliche Hemmschwellen zur aktiven Mitarbeit im Kindergarten überwunden, wäre es wünschenswert, wenn sie auch darüber hinaus Tätigkeiten übernehmen würden, so dass die Kinder erleben, dass auch das männliche Rollenbild ein breites Spektrum bietet. So könnte beispielsweise ein Vater-Kind-Kochnachmittag durchgeführt werden.

Ein Monster-Muffins-Nachmittag für Väter und Kinder

Ablauf des Vater–Kind–Nachmittages:
› Begrüßung im Stuhlkreis und Vorstellung des geplanten Ablaufes
› Bildung der Teams (2 Väter und 2 Kinder) durch Puzzleteile
› Backen der Muffins in der Küche
› Gemeinsames Spielen und Singen des Liedes „Das Kille-Kitzel-Monster – Lied"
› Aus Muffins werden Monster Muffins

EINLADUNG

Lieber Vater!

Wir laden dich herzlich ein zum

Monster-Muffin-Vater-Kind-Nachmittag

am _____

von _____ Uhr bis _____ Uhr

Damit die Mädchen und Jungen unserer Gruppe nicht in dem Glauben aufwachsen müssen, Backen wäre nichts für „echte Kerle", werden wir an diesem Nachmittag gemeinsam die Küche auf den Kopf stellen und leckere Monster-Muffins backen … und essen. Vorkenntnisse sind nicht erforderlich.

Über eine Zusage bis zum _____ freuen wir uns sehr.

Herzliche Grüße

P.S. Solltest du verhindert sein, wäre es schön, wenn du dafür sorgst, dass eine andere männliche Person (Onkel, Freund, Opa …) dein Kind begleitet!

Monster-Puzzle

Puzzlespiel zum Auslosen der Back-Teams.

Material: Kopien der Monstervorlage, Schere, Stifte, Schüssel, Geschirrhandtuch

Vorbereitung: Die Monster in verschiedenen Farben anmalen und in der Mitte durchschneiden, so dass zwei Puzzleteile entstehen. Es sollten so viele Monsterpuzzleteile, wie Vater-und-Kind-Paare teilnehmen, vorbereitet werden.

Die Puzzleteile befinden sich in einer großen Schüssel und es wird ein Geschirrhandtuch darüber gelegt. Nun darf jedes Kind für sich und seinen Begleiter gemeinsam ein Puzzleteil aus der Schüssel nehmen. Hat jedes Paar ein Puzzleteil, müssen sie das entsprechend andere Teil in derselben Farbe finden. So entstehen Teams aus insgesamt zwei Vater-Kind-Paaren. Diese Viererteams backen nun gemeinsam die Muffins.

Muffins backen

Zutaten für circa sechs Muffins pro Team: 90 g weiche Butter, 100 g Zucker, 2 Päckchen Vanillezucker, 2 Eier, 150 g Mehl, 2 TL Backpulver, 3 EL Milch
Vorbereitung: Die Materialien und Zutaten werden für jedes Team bereitgestellt.
Durchführung: Die Teams bekommen folgendes Rezept und stellen selbstständig die Muffins her.

Material für das Backen: Kochschürzen, Papierförmchen für Muffins, Mixer, Rührschüssel, 1 Rezeptkopie für jedes Team, Backofen

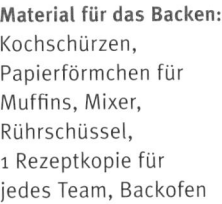

› Hände waschen, Schürze umbinden

› Lange Haare mit einem Zopfgummi zurückbinden oder eine Mütze aufsetzen (Unfallverhütung beim Arbeiten mit einem Mixer)

› Den Ofen auf 180° C vorheizen.

› Butter, Zucker und Vanillezucker in einer Rührschüssel mit dem Mixer schaumig schlagen. Die Eier dabei einzeln unterrühren.

› Mehl und Backpulver sieben, zur Butter-Zucker-Eiermasse geben und verrühren.

› Anschließend die Milch unterrühren, bis ein cremiger Teig entsteht.

› Den Teig in die Papierförmchen füllen (2/3 voll) und ca. 20 Minuten im Ofen backen.

› Die fertig gebackenen Muffins zum Auskühlen aus dem Ofen nehmen.

Das Chaos-Monster-Orchester

Um sich die Zeit zu vertreiben, bis die Muffins abgekühlt sind, wird aus Vätern und Kindern ein monstermäßiges Orchester! Die Anleitung zu diesem Spiel findet sich im Buch auf S. 23.

Monster-Muffins

Aus Muffins werden Monster-Muffins!

Material: Kochschürzen, Rezept für jedes Team (siehe Kopiervorlage) Sieb, Gefrierbeutel, große Teller, Schüsseln, Marzipanrohmasse, Backpapier, Pinsel, Zettel, Stifte

Vorbereitung: Die Materialien und Zutaten für jedes Team bereitstellen.
Zutaten: 250 g Puderzucker, 75 g Frischkäse, 2 Tropfen Vanillearoma, 1/2 Packung Kokosraspel, 100 g weiße Kuvertüre, 24 Schokoladentröpfchen, Lebensmittelfarbe

Die Teams verzieren ihre abgekühlten Muffins wie auf S. 91 beschrieben.

Muffins vernaschen

Material: Tischdecken, Gläser, Getränke, Muffins

Väter und Kinder decken und dekorieren zusammen den Tisch. Nun stellt jedes Team seine Monster-Muffins vor. Gemeinsam sagen alle zusammen folgenden Tischspruch auf:

Wir sitzen zusammen.
Der Tisch ist gedeckt.
Wir wünschen uns allen,
dass es monstergut schmeckt!
Uuuuaaaahhh!

... und es kann gegessen und getrunken werden.

› Hände waschen, Schürze umbinden

› (Lebensmittel-) Farbe für sein Monster
aussuchen.

› Die Kokosraspel mit Lebensmittelfarbe
in einen Gefrierbeutel geben. Den Beutel
gut verschließen und nun mit den Händen
die Kokosraspel im Beutel so kneten, dass
sie sich mit der Farbe mischen. Ggf. muss
noch etwas mehr Lebensmittelfarbe dazu.

› Die gefärbten Kokosraspel zum Trocknen
auf einem großen Teller ausbreiten.

› Aus Marzipanrohmasse werden große
Monsteraugen (Kugeln) geformt. In die
Augen wird jeweils ein Schokotropfen als
Pupille (mit der spitzen Seite) gesteckt.
Die fertigen Augen werden zunächst
zur Seite gestellt.

› Puderzucker mit Vanillearoma und Frischkäse
glatt rühren. Etwas Lebensmittelfarbe dazu
geben. Diese Glasur wird nun in einer dicken
Schicht auf die mittlerweile kühlen Muffins
gestrichen.

› Die farbigen Kokosraspel in eine Schüssel
geben und die Muffins mit der Glasur darin rollen.

› Jeweils zwei Augen auf die Oberseite der
Muffins stecken.

› Die Muffins auf einen großen Teller stellen
und mit den Namen der Backteams versehen.

› Aufräumen, Abwaschen

Register

Literatur- und Quellenangaben

Bischof-Köhler, Doris: Von Natur aus anders. Psychologie der Geschlechtsunterschiede, Stuttgart/Berlin/Köln, Kohlhammer, 2002

Bischof-Köhler, Doris: „Geschlechtstypisches Verhalten von Mädchen unter evolutionstheoretischer und entwicklungspsychologischer Perspektive" in: Matzner, Michael/Wyrobnik, Irit (Hrsg.): Handbuch Mädchen-Pädagogik. Beltz Verlag, Weinheim und Basel, 2010

Blank-Matthieu, Magarete: Kleiner Unterschied – große Folgen? Geschlechtsbewusste Erziehung in der Kita, München, Reinhardt Verlag, 2002

Fine, Cordelia: Die Geschlechterlüge. Die Macht der Vorurteile über Frau und Mann. Stuttgart, Klett Cotta, 2010

Gottschalk; Gesa: Typisch Junge? Typisch Mädchen? In GEO WISSEN. Nr. 52: Mütter – Wie sie uns ein Leben lang prägen. Hamburg. Gruner +Jahr, 2013

Hubrig, Silke: Genderkompetenz in der Sozialpädagogik. Troisdorf, Bildungsverlag EINS, 2010

Hubrig, Silke: Genderkompetenz im Unterricht der Fachschule für Sozialpädagogik. In: Ernstson, Sven/Meyer, Christine (Hrsg.): Praxis geschlechtersensibler und interkultureller Bildung. Springer VS, Wiesbaden, 2013

Dr. Dagmar Kasüschke: „Ab mit den alten Zöpfen. Zur Problematik geschlechtsspezifischer Arbeit", in: Kindergarten-heute, Herder Verlag, Freiburg, Heft 7, 2001, S. 6-11

Kieninger, Martina: Physik mit 2- bis 3 Jährigen. Berlin/Düsseldorf/Mannheim, Cornelsen, 2008

Köster; Hilde: Fantasie Werkstatt Technik. Leichte technische Experimente für Kinder. Freiburg im Breisgau, Christophorus Verlag, 2005

Krabel, Jens/Cremers, Michael (Hrsg.): Gender Loops. Praxisbuch für eine geschlechterbewusste und- gerechte Kindertageseinrichtung. Berlin. (Bestellung unter www.dissens.de) 2008

Maccoby, Eleanor: Psychologie der Geschlechter. Sexuelle Identität in den verschiedenen Lebensphasen, Stuttgart, Klett Cotta, 2000

Rohrmann, Tim: Starke Mädchen – starke Jungen! Geschlechterbewusste Pädagogik als Schlüssel für Bildungsprozess in der Kita. Sozialpädagogisches Fortbildungsinstitut Berlin Brandenburg, 2012, 5. korrigierte Auflage

Rohrmann, Tim: Gender in Kindertageseinrichtungen. Ein Überblick über den Forschungsstand. Deutsches Jugendinstitut e.V. München, 2009

Schnerring, Almut/Verlan, Sascha: Sie Rosa-Hellblau-Falle. Für eine Kindheit ohne Rollenklischees. München, Verlag Antje Kunstmann, 2014

Strüber, Daniel: „Geschlechtsspezifisches Verhalten aus Sicht der Hirnforschung" in: Matzner, Michael/Tischner, Wolfgang (Hrsg.): Handbuch Jungenpädagogik. Beltz Verlag, Weinheim und Basel, 2008, 2. Auflage

Trautner: Hanns Martin: Entwicklung der Geschlechtsidentität. In: Oerter, R./ Montada, L. (Hrsg.): Entwicklungspsychologie. Weinheim/Basel, Beltz Verlag, 2002, 5. Auflage

Verlinden, Martin/Külbel, Anke: Väter im Kindergarten. Anregungen für die Zusammenarbeit mit Vätern in Tageseinrichtungen für Kinder, Weinheim/Basel, Beltz Verlag, 2005

Wyrobnik, Irit: Mädchen im Kindergarten. Pädagogischer Alltag, Konzepte, Fördermöglichkeiten. In: Matzner, Michael/Wyrobnik, Irit (Hrsg.): Handbuch Mädchen-Pädagogik. Beltz Verlag. Weinheim und Basel. 2010

Zimmer, Renate (Hrsg.): Spielformen des Tanzens. Vom Kindertanz bis zum Rock'n' Roll. Dortmund, Verlag Modernes Lernen, 2000, 4. Auflage

http://www.geschlechtergerechtejugendhilfe.de/downloads/kindergarten.pdf, Stand vom 01.08.2014)

Die Autorin

Silke Hubrig (Bremen)

ist Lehrerin an einer Berufsschule für Sozialpädagogik.
Ihre Arbeitsschwerpunkte sind „Geschlechtsbewusste
Pädagogik" und „Sport".
Sie hat bereits zahlreiche Bücher und Aufsätze zu
diesen Themen veröffentlicht.

Die Illustratorin

Anne Rieken (Bremen)

studierte an der Hochschule für Künste in Bremen
Kommunikations-Design. Seitdem ist sie freischaffen-
de Diplom Grafikerin mit dem Schwerpunkt Illustration.
Sie veröffentlicht in Zeitungen und Zeitschriften,
gestaltet, illustriert und animiert interaktive Spiele
für Kinder sowie eigene Kinderbücher. Sie ist Mutter
eines Sohnes und Gernzeichnerin.
www.atelier-anne-rieken.de